COLLECTION

FOLIO/ESSAIS

Jean Piaget

Où va l'éducation

Denoël/Gonthier

Réimpression 1988.

Où va l'éducation ?

Nous suivrons le plan suivant en cet exposé. Après une brève partie rétrospective destinée à rappeler l'état actuel des problèmes en fonction des tendances récentes de l'éducation, nous chercherons dans la partie II (prospective) à développer certaines vues d'avenir, mais cela en deux temps : en une section IIA nous prendrons comme exemple l'enseignement des sciences, à propos duquel se posent, nous semble-t-il, les problèmes qui sont à la fois les plus urgents et les plus complexes quant aux réformes à prévoir ; puis suivra une plus courte section IIB, tirant des considérations développées en IIA quelques réflexions sur des questions générales.

I

PARTIE RÉTROSPECTIVE

Du point de vue quantitatif l'extension considérable et toujours croissante des effectifs scolaires a conduit aux conséquences que chacun connaît. D'une part, avec la prolongation de la scolarité, une plus grande égalité de formation pour les garçons et les filles et les aides financières de l'État (bourses, etc.), il en est résulté un peu plus de justice dans les possibilités d'instruction offertes aux nouvelles générations, se traduisant finalement par une augmentation indéfinie, et parfois inquiétante du nombre des étudiants dans les universités. Mais, d'autre part, cette explosion généralisée des cadres à tous les échelons ne s'étant pas accompagnée de la revalorisation sociale de la profession d'enseignant qui eût été nécessaire aux paliers secondaires et surtout primaires, il en est résulté une pénurie de maîtres et le recours nécessaire à des suppléances, d'où un problème de niveau qui n'est pas encore toujours résolu. Par contre, on s'est efforcé de diversifier les types d'enseignements, notamment dans les directions professionnelles et techniques, ce qui est un progrès, et l'on a pris une série de mesures pour améliorer l'orientation des élèves et pour assurer, au cours des études et surtout aux débuts de l'enseignement secondaire le passage possible d'une section à une autre : les « cycles d'orientation » ont joué à cet égard un rôle fort utile, mais malgré le travail efficace des psychologues scolaires, les questions demeurent ouvertes de la valeur des instruments d'orientation et de sélection. En particulier, cette plaie de la scolarité constituée par le rôle et la valeur attribués aux examens reste trop souvent difficile à résorber.

Mais au point de vue qualitatif, qui seul nous intéresse ici, une série de tendances plus ou moins nouvelles se sont manifestées dans les divers pays qui semblent à la tête des mouvements actuels. C'est ainsi, tout d'abord, qu'on observe en plusieurs d'entre eux, notamment aux U.S.A., un effort pour renouveler l'éducation préscolaire, trop négligée jusqu'ici. L'idée dominante est que, pour les jeunes enfants des classes défavorisées, l'école maternelle doit fournir un milieu moralement et intellectuellement enrichissant susceptible de compenser, par son atmosphère et surtout par l'abondance et la diversité du matériel employé, la pauvreté du milieu familial en fait d'incitations à la curiosité et à l'activité. Quant aux méthodes utilisées pour orienter celles-ci, elles oscillent entre deux pôles, reflétant ainsi des courants extrêmes et opposés de la psychologie contemporaine. L'un de ces pôles est caractérisé par l'utilisation du « conditionnement » : créer et renforcer par l'exercice et les résultats de l'action un certain nombre d'associations motrices ou verbales, jugées constitutives des connaissances ultérieures. L'autre pôle est au contraire caractérisé par un appel aux activités spontanées de l'enfant lui-même dans la direction d'une organisation cognitive préparant les opérations de l'intelligence qui se constituent normalement aux environs de 7-8 ans. Inspirées par les recherches psychologiques de l'école de Genève, parfois bien interprétées (voir les réalisations pédagogiques de Allmy, Kamii, H. Furth, etc., aux U.S.A.), parfois de façon un peu naïve ou même inquiétante, ces applications sont susceptibles de nombreux développements et nous reviendrons dans la Partie II sur ce que l'on pourrait attendre de ces débuts d'activité cognitive en ce qui concerne l'observation adéquate des actions et des faits objectifs à titre d'introduction à l'enseignement des sciences.

Au niveau primaire, et en continuité avec ce qui précède, on peut noter en certains pays (et à nouveau surtout aux U.S.A.) les transformations suivantes. Il y a quelques années la tendance dominante, sous l'influence en particulier des vulgarisations de la psychanalyse, était d'éviter surtout toute frustration chez l'enfant en développement, d'où en fait un excès de liberté sans direction aboutissait à des jeux généralisés sans grand résultat éducatif. Une réaction s'est produite dans la direction d'une canalisation et d'un renforcement des activités cognitives. Mais on retrouve alors, et de façon encore plus sensible, la dualité de pôles dont il vient d'être question, selon l'orientation des inspirations psychologiques adoptées.

Le rôle attribué au conditionnement, en particulier sous l'influence de Skinner, a conduit à l'idéal d'un enseignement programmé, par associations progressives ordonnées mécaniquement (les « machines à apprendre »), et l'on sait la vogue que connaît encore en certains milieux cette manière de faire, il est vrai tempérée par l'aspect financier un peu inquiétant de l'appareillage requis. Mais son défaut essentiel est de reposer sur une psychologie très insuffisante, dont le grand linguiste, N. Chomsky a montré de façon décisive l'inaptitude à rendre compte rationnellement de l'apprentissage des langues. Du point de vue pédagogique, l'enseignement programmé conduit bien à apprendre, mais nullement à inventer, sauf si, comme l'a essayé S. Papert, on fait construire la programmation par l'enfant lui-même. Il faut en dire autant des procédures audio-visuelles en général, dont trop d'éducateurs ont célébré les vertus, mais qui peuvent conduire à une sorte de verbalisme de l'image quand elles ne font que favoriser les associations sans donner lieu à des activités authentiques. Les réglettes ou nombres en couleurs de Cuisenaire-Gattegno peuvent en certains cas permettre une activité opératoire de l'élève, mais présentent trop souvent les mêmes défauts de substituer le figuratif à l'opératif, d'où leur abandon en certains cantons de Suisse, où l'État les avait imposées à titre de remède infaillible aux difficultés de l'initiation au calcul.

En bien des cas, ces réglettes ont été remplacées par les « blocs logiques » de Dienes, un mathématicien pédagogue qui a le mérite d'avoir compris par son expérience éducative ce fait essentiel (que nos recherches psychogénétiques avaient toujours mis en évidence) que la compréhension des mathématiques élémentaires est fonction de la construction de structures d'abord qualitatives (le nombre, par exemple, apparaît psychologiquement comme une synthèse de l'inclusion des classes et de l'ordre sérial) et que plus on facilite la construction préalable des opérations logiques, à tous les niveaux de l'enseignement mathématique, plus celui-ci en est favorisé. Cette constatation est, on le voit, en plein accord avec la tendance devenue générale, à introduire les mathématiques dites modernes (théorie des ensembles, puis des groupes, etc.) dès les niveaux les plus élémentaires de l'enseignement. Il y a là un très grand progrès, mais dont nous chercherons au cours de la Partie II à préciser les conditions psychologiques de succès, car il reste à coordonner le contenu de cette nouvelle didactique avec les opérations et les structures spontanément en jeu dans l'intelligence du sujet.

Sur le terrain de l'enseignement des sciences il convient en outre de signaler une série d'essais, notamment aux environs de Boston, en Illinois et en Californie, dus à la collaboration de physiciens et de psychologues s'intéressant tous deux à l'enseignement élémentaire et cherchant à faire comprendre à des écoliers de niveau primaire (et parfois même préscolaire) certains phénomènes physiques simples, au moyen de dispositifs manipulés par l'enfant avec une part maximale de spontanéité et d'activité de recherche.

Il convient, en terminant cette partie rétrospective de signaler qu'en ces dernières années les recherches psychologiques sur le développement de l'intelligence et des structures cognitives ont fait de grands progrès, mais demeurent partagées *entre trois directions dont les significations sont très différentes au point de vue des applications pédagogiques. L'une* fidèle aux vieilles traditions anglo-saxonnes, *reste orientée vers un associationnisme empiriste,* ce qui réduirait toute connaissance à une acquisition exogène, à partir de l'expérience ou des présentations verbales ou audio-visuelles dirigées par l'adulte. *La seconde est caractérisée par un retour imprévu aux facteurs d'innéité et de maturation interne* (cela en bonne partie sous l'influence du linguiste Chomsky, lequel, malgré les processus transformationnels et donc en partie psychogénétiques qu'il reconnaît dans les grammaires, croit à l'existence d'un « noyau fixe inné » déterminant les structures de départ du langage, telle que la relation de sujet à prédicat) : en ce cas, l'éducation reviendrait en bonne partie en l'exercice d'une « raison » déjà préformée au départ. *La troisième direction,* qui est résolument la nôtre (et qui nous fait attribuer les débuts du langage aux structures construites par l'intelligence sensori-motrice préalable), *est de nature constructiviste,* c'est-à-dire sans préformation ni exogène (empirisme) ni endogène (innéité), mais par continuels dépassements des élaborations successives, ce qui pédagogiquement conduit, il va de soi, à mettre tout l'accent sur les activités en partie spontanées de l'enfant.

II

PARTIE PROSPECTIVE

A. *L'enseignement des sciences*

1. L'une des questions qui préoccupent le plus les autorités scolaires et universitaires de différents pays étant le nombre trop faible des vocations scientifiques par rapport au nombre proportionnellement trop considérable de lycéens et d'étudiants qui s'orientent vers les carrières littéraires, il est évident que c'est là l'un des problèmes centraux que l'éducation de demain est appelée à résoudre. Or, il est non moins clair que cette question ne se résoudra pas d'elle-même par le seul jeu automatique des forces économiques en présence : la société a beau avoir besoin de bien plus de spécialistes ou d'hommes compétents dans les domaines scientifiques les plus variés par rapport à ce dont elle dispose actuellement, les économistes ont beau insister sans cesse publiquement sur la gravité de ces lacunes et les intéressés, c'est-à-dire les élèves actuels des établissements secondaires et universitaires, ont beau être renseignés périodiquement sur les faibles débouchés que comporte une préparation surtout littéraire, en comparaison avec les car-

rières assurées une fois acquises les formations scientifiques requises, les facteurs sont loin d'être suffisants pour peser sur l'orientation scolaire et universitaire des candidats aux diplômes, et les parents continuent, par exemple, de penser que la connaissance du latin constitue un « Sésame ouvre-toi » bien plus efficace que n'importe quelle autre initiation. Il semble donc certain que pour réajuster sur ce point les formations scolaires aux exigences de la société il sera nécessaire de procéder *à une révision des méthodes et de l'esprit de l'enseignement tout entier* bien plus que de se contenter de faire appel aux simples facteurs de bon sens.

On s'aperçoit alors du fait que cette refonte met essentiellement en cause, non pas seulement la didactique spécialisée de chacune des branches de cet enseignement scientifique (mathématiques, physique, chimie, biologie, etc.), mais une série de questions plus générales telles que celle du *rôle de l'enseignement préscolaire* (4-6 ans), celle de la *signification réelle des méthodes actives* (dont tout le monde parle et que bien peu d'éducateurs appliquent réellement de manière efficace), celle de l'*utilisation des connaissances psychologiques acquises* sur le développement de l'enfant ou de l'adolescent et celle *du caractère interdisciplinaire nécessaire des initiations* et cela à tous les niveaux, par opposition au morcellement qui sévit encore de façon si courante, et à l'université comme aux niveaux secondaires. Il est donc indispensable que nous abordions ces questions dès la discussion de la formation scientifique des élèves, quitte à y revenir ensuite en une perspective plus large.

A commencer par les données psychologiques de base, il est un fait essentiel dont il convient de partir, car il est en contradiction assez notable avec ce que l'on admet généralement. En effet, on considère couramment comme évident qu'il existe entre les élèves individuels des différences d'aptitudes augmentant d'importance avec l'âge et telles que si certains d'entre eux sont manifestement plus doués, soit pour les mathématiques, soit pour la physique, etc., d'autres ne donneront jamais que des résultats médiocres en ces branches. Or, après avoir étudié pendant de nombreuses années la formation des opérations logico-mathématiques chez l'enfant, nous avons consacré ensuite plusieurs années à l'étude, d'abord avec B. Inhelder, de l'induction de lois physiques élémentaires et ensuite, à notre Centre international d'Epistémologie génétique (et avec l'aide continuelle de quelques physiciens éminents), à l'analyse du développement de la causalité physique, entre 4-5 ans et 12-15 ans, plus de 120 recherches de détail ayant été poursuivies sur les multiples aspects de cette question si complexe (problèmes de transmission du mouvement, de la chaleur, etc., composition des forces et des vecteurs, changements d'états de la matière, moment dynamique et travail, linéarité et distributivité, etc.). Or, à part le cas de quelques filles qui, sans être moins intelligentes pour autant, n'avaient simplement pas d'intérêt pour ces questions, nous n'avons pu relever de données systématiques démontrant l'existence des aptitudes en question, car tous les écoliers de tous les stades d'âge et d'un niveau intellectuel moyen ou supérieur à la moyenne ont témoigné des mêmes initiatives et de la même compréhension. Certes, il existe des individus retardés ou avancés et ceux dont l'intelligence est inférieure à la moyenne donnent naturellement de mauvais résultats, mais en tous les domaines et non pas spécialement sur les terrains scientifiques en question. Notre hypothèse est donc que les soi-disant aptitudes différenciant les « bons élèves » en mathématiques ou en physique, etc., à niveau d'intelligence égal, consistent surtout à pouvoir s'adapter au type d'enseignement qu'on leur donne, les « mauvais élèves » en ces branches, mais réussissant bien en d'autres, étant en fait entièrement aptes à dominer les questions qu'ils semblent ne pas comprendre, mais à la condition d'y parvenir par des voies différentes, car ce qu'ils ne comprennent pas, ce sont les « leçons » fournies et non pas la matière. Il se pourrait, en particulier, et nous l'avons vérifié en de nombreux cas, que l'insuccès scolaire sur tel ou tel point tienne à un passage trop rapide de la structure qualitative des problèmes (par simples raisonnements logiques, mais sans introduction immédiate des relations numériques et des lois métriques) à la mise en forme quantitative ou mathématique (au sens des équations déjà élaborées) utilisée normalement par le physicien. A cet égard, nous admettrions volontiers certaines aptitudes différentielles opposant les esprits strictement déductifs (à partir d'un âge suffisant) aux esprits expérimentaux et concrets, mais, même sur le terrain mathématique, bien des échecs scolaires sont dus à ce passage trop rapide du qualitatif (logique) au quantitatif (numérique).

La vision optimiste et même très optimiste que

nous ont donnée nos recherches sur *le développement des notions qualitatives de base* qui constituent ou devraient constituer *la substructure de tout enseignement scientifique élémentaire* donne donc à penser qu'une réforme assez profonde de cet enseignement multiplierait les vocations dont la société a actuellement besoin. Mais c'est, nous semble-t-il, à certaines conditions, qui sont sans doute celles de toute pédagogie de l'intelligence mais qui paraissent particulièrement impératives dans les diverses branches de l'initiation aux sciences.

La première de ces conditions est naturellement le recours aux méthodes actives faisant une part essentielle à la recherche spontanée de l'enfant ou de l'adolescent et exigeant que toute vérité à acquérir soit réinventée par l'élève ou tout au moins reconstruite et non pas simplement transmise. Or, deux malentendus fréquents enlèvent beaucoup de leur valeur aux essais accomplis jusqu'ici en ce sens. Le premier est la crainte (et chez quelques-uns l'espoir) que le rôle du maître devienne nul, en ces essais, et qu'il soit nécessaire pour bien faire de laisser les écoliers totalement libres de travailler ou jouer à leur guise. Or, il va de soi que l'éducateur demeure indispensable à titre d'animateur pour créer les situations et construire les dispositifs de départ susceptibles de poser des problèmes utiles à l'enfant, et ensuite pour organiser des contre-exemples forçant à la réflexion et obligeant au contrôle des solutions trop hâtives : ce que l'on désire est que le maître cesse de n'être qu'un conférencier et qu'il stimule la recherche et l'effort au lieu de se contenter de transmettre des solutions toutes faites. Lorsqu'on pense au nombre de siècles qu'il a fallu pour en arriver aux mathématiques dites « modernes » et à la physique contemporaine, même macroscopique, il serait absurde de penser que sans un guidage concernant la prise de conscience des questions centrales l'enfant en arrive à lui seul à se les poser clairement. Mais inversement encore faut-il que le maître-animateur ne connaisse pas que sa science à lui et soit renseigné de très près sur le détail du développement psychologique de l'intelligence enfantine ou adolescente : le rôle de l'expérimentateur psychogénétique est par conséquent indispensable à la pratique efficace des méthodes actives. Il faut donc s'attendre dans les périodes qui s'ouvrent aujourd'hui pour l'éducation à une collaboration beaucoup plus intime que par le passé entre la recherche psychologique fondamentale (non pas les « tests » ou la plupart des instruments d'une psychologie dite « appliquée », mais qui, en fait, en était réduite à l'application de ce qu'on ne connaissait pas encore, telle que la médecine du XVIIe siècle) et l'expérimentation pédagogique méthodique.

En ce qui concerne, par exemple, l'enseignement des « mathématiques modernes » qui constitue un progrès si considérable par rapport aux méthodes traditionnelles, l'expérience est souvent faussée du fait que, si le contenu enseigné est « moderne », la manière de le présenter reste parfois archaïque au point de vue psychologique en tant que fondée sur la simple transmission des connaissances, même si celle-ci s'efforce (et beaucoup trop précocement du point de vue de la manière de raisonner des élèves) d'adopter une forme axiomatique : d'où les mises en garde sévères de grands mathématiciens comme Jean Leray dans la revue « L'enseignement mathématique ». Or, cette situation est d'autant plus surprenante que, si les maîtres de mathématiques voulaient bien se renseigner sur la formation psychogénétique « naturelle » des opérations logico-mathématiques, ils découvriraient qu'il existe une convergence beaucoup plus grande qu'on aurait osé espérer entre les principales opérations utilisées spontanément par l'enfant et les notions qu'on cherche à lui inculquer dans l'abstrait : dès 7 à 8 ans, par exemple, les sujets découvrent d'eux-mêmes des opérations de réunion et d'intersection des ensembles ainsi que des produits cartésiens et dès 11-12 ans ils en viennent aux « ensembles de partie ». Très précocement on observe la formation de divers morphismes ou fonctions et l'on peut en bien des cas parler de « catégories » au sens de Mc Lane et Eilenberg sous des formes élémentaires ou « triviales », mais non moins significatives quant à leur valeur formatrice. Mais autre chose est d'inventer dans l'action et d'appliquer ainsi pratiquement certaines opérations, et autre chose est d'en prendre conscience pour en tirer une connaissance réflexive et surtout théorique, de telle sorte que, pas plus les élèves que les maîtres ne se doutent que le contenu de l'enseignement donné pourrait être appuyé sur toutes sortes de structures « naturelles ». Il y a donc un grand avenir à prévoir dans la collaboration des psychologues et mathématiciens pour l'élaboration d'un enseignement « moderne » et non pas traditionnel des mathématiques du même nom, et qui consisterait à parler à l'enfant son langage avant de lui en imposer un autre tout fait et trop abstrait et surtout à conduire l'enfant à réinventer, ce dont il est capable, au lieu de se borner à écouter et à répéter. Le pédagogue-mathématicien Dienes a fait des efforts louables dans ce sens mais une insuffisante information psychologique rend parfois un peu optimiste l'interprétation qu'il donne de la réussite de certains des « jeux » ou exercices qu'il a imaginés.

Si l'on passe des mathématiques à la physique et aux sciences expérimentales, la situation est tout autre puisque l'incroyable lacune des écoles traditionnelles, jusqu'en ces dernières années y compris, est d'avoir négligé presque systématiquement la formation des élèves à l'expérimentation : ce ne sont pas, en effet, les expériences que le maître peut faire devant eux ou même qu'ils font de leurs mains, mais selon une procédure déjà établie et qu'on leur dicte simplement, qui leur apprendront les règles générales de toute expérience scientifique, telles que la variation d'un facteur en neutralisant les autres (« toutes choses égales d'ailleurs »), ou la dissociation des fluctuations fortuites et des variations régulières. Sur ces terrains bien plus encore que sur chacun des autres, les méthodes d'avenir devront faire une part de plus en plus grande à l'activité et aux tâtonnements des élèves ainsi qu'à la spontanéité des recherches dans la manipulation de dispositifs destinés à prouver ou à infirmer les hypothèses qu'ils auront pu faire d'eux-mêmes pour l'explication de tel ou tel phénomène élémentaire. Autrement dit, s'il est un domaine où les méthodes actives devront s'imposer au sens le plus complet du terme, c'est bien celui de l'acquisition des procédures d'expérimentation, car une expérience qu'on ne fait pas soi-même avec toute liberté d'initiative n'est, par définition, plus une expérience, mais un simple dressage sans valeur formatrice faute de compréhension suffisante du détail des démarches successives.

En un mot, *le principe fondamental des méthodes actives* ne saurait que s'inspirer de l'histoire des sciences et peut s'exprimer sous la forme suivante : *comprendre, c'est inventer, ou reconstruire par réinvention,* et il faudra bien se plier à de telles nécessités si l'on veut, dans l'avenir, façonner des individus capables de production ou de création et non pas seulement de répétition.

Mais, en ce domaine si essentiel de la formation des futurs hommes de science et de techniciens de niveaux suffisants par une éducation appropriée de l'esprit expérimental, il se pose un problème qui n'est sans doute pas spécial au développement de l'explication physique, mais qui préoccupe déjà certains éducateurs et s'imposera de plus en plus à toute pédagogie fondée sur la psychologie. Pour en arriver, par la combinaison du raisonnement déductif et des données de l'expérience, à la compréhension de certains phénomènes élémentaires, l'enfant a besoin de passer par un certain nombre de stades caractérisés par des idées qu'il jugera erronées dans la suite, mais qui semblent nécessaires pour en arriver aux solutions finales correctes. C'est ainsi que pour s'expliquer la transmission du mouvement à travers une suite de billes immobiles contiguës dont la première est frappée et dont la dernière seule part, l'enfant ne parvient que vers 11-12 ans à l'hypothèse d'une transmission interne par ébranlement et vibrations successives, et admet auparavant que chaque bille intermédiaire a effectué une petite translation molaire : même en immobilisant les médiateurs par différents moyens (les faire tenir par une pression du doigt, etc.), le sujet continue de croire à un déplacement. De très nombreux autres exemples pourraient être cités dans le même sens. Faut-il alors tout faire pour détromper les jeunes sujets ou l'esprit des méthodes actives doit-il conduire à respecter la succession de ces approximations en leurs défauts, comme en leur valeur formatrice ? Ce sera aux expériences pédagogiques méthodiques de l'avenir à en décider, mais nous croyons pour notre part qu'il y a tout avantage à respecter les étapes (à la condition bien sûr de les connaître assez pour juger de leur rôle utile). Il est à noter qu'un excellent professeur de physique, F. Halbwachs, qui vient d'écrire un *Précis* de microphysique à l'usage des étudiants débutants, a adopté une manière de voir analogue à ce niveau universitaire (et qu'il justifie en sa préface par un recours aux travaux de notre Centre d'épistémologie génétique) : contrairement à l'usage, il part des notions classiques pour les infléchir progressivement dans le sens des idées contemporaines, de manière à faciliter une « assimilation » progressive de notions qui sans cette progression risqueraient de demeurer en partie incompréhensibles.

Sous sa forme générale le problème en jeu ici revient à se demander s'il y a avantage ou non à accélérer la succession des stades du développement. Certes, toute éducation consiste, d'une manière ou d'une autre, en une telle accélération, mais la question demeure d'établir jusqu'où elle est profitable. Or ce n'est pas pour rien que l'enfance est bien plus longue chez l'homme qu'en des espèces animales inférieures : il est donc très vraisemblable qu'en tout développement s'impose une vitesse optimale, les excès de rapidité étant aussi nuisibles qu'une trop grande lenteur. Mais nous n'en connaissons pas les lois et sur ce point encore ce sera aux recherches d'avenir à éclairer l'éducation.

A continuer à titre d'exemple cette analyse des orientations futures probables de l'enseignement scientifique, il convient en outre de signaler l'importance croissante que prendra sans doute l'éducation préscolaire. Du point de vue psychologique, la période de 4 à 6 ans (et *a fortiori* celle de 2 à 4 ans mais sur laquelle nous ne savons encore rien de bien systématique) peut être qualifiée de « préopératoire » en ce sens que le sujet s'y révèle encore inapte au maniement des opérations réversibles (additions et soustractions, réciprocités, etc.) et par conséquent à la découverte des conservations élémentaires de quantités, de matière, de poids, etc., lors des modifications de formes des collections d'éléments discontinus (conservation des ensembles) ou des objets continus. Par contre, l'enfant de ces âges parvient déjà à ce que l'on peut appeler au sens propre une semi-logique : variations fonctionnelles à sens unique, identités qualitatives (mais non quantitatives sous leur forme réversible $\pm 0 =$ « on n'a rien ôté ni ajouté »), etc. Or, malgré ces limitations mais en s'appuyant sur les caractères positifs de ces débuts de mises en relation, il semble possible de prévoir dès ce niveau une sorte de propédeutique à l'enseignement scientifique qui reste de son côté à développer largement au niveau primaire. Cette propédeutique consisterait simplement à exercer l'observation, mais c'est là une activité d'importance non négligeable car les recherches ont montré qu'à ce niveau préscolaire les constatations elles-mêmes étaient, non seulement frustes et incomplètes, ce qui va de soi, mais encore en de nombreux cas systématiquement déformées par les idées préalables du sujet. C'est ainsi que dans le cas d'une fronde formée d'une simple boule retenue par une ficelle que l'enfant fait tourner au bout de son bras en lâchant ensuite le tout de manière à ce que la boule arrive dans une boîte, on constate que dès 4-5 ans l'action est fort bien réussie après quelques tâtonnements, mais que sa description est systématiquement déformée : en son action propre, l'enfant parvient sans aide à lâcher la boule de côté, le trajet après le lâcher étant donc tangentiel par rapport à la circonférence décrite par la rotation du bras, mais les jeunes sujets prétendent avoir lâché la boule, soit en face de la boîte, au point de la circonférence le plus proche de ce but, soit même devant eux, comme si la boule parcourait une droite entre eux et la boîte mais passant d'abord par le diamètre du cercle décrit par le bras. La raison en est qu'à leur point de vue l'action totale se décompose en deux sous-actions : faire tourner puis lancer (et non pas seulement lâcher) et que pour lancer une balle dans une boîte, on suit généralement une droite perpendiculaire à cette boîte. Chose assez incroyable, ce n'est qu'entre 9 et 11 ans qu'on obtient en général une bonne description de cette action pourtant réussie vers 4-5 ans, les observables sur l'objet et sur l'action propre elle-même (donc la prise de conscience de celle-ci) étant sans doute perçus, mais en quelque sorte « refoulés » par leur contradiction avec les idées préconçues. Or, ce n'est là qu'un exemple parmi des quantités d'autres du même genre. On voit ainsi que des exercices d'observation pourraient être fort utiles en choisissant les observables à décrire parmi les domaines de causalité les plus quotidiens et les plus élémentaires, et en demandant des descriptions de divers types : par une reproduction mimée de l'action (ce qui est le plus facile), par le langage, par des dessins avec l'aide de l'adulte, etc. Un physicien américain qui s'est spécialisé dans l'enseignement de la physique (Karplus à l'Université de Californie) juge même ces exercices d'observation si utiles dès le niveau préscolaire qu'il a imaginé des situations à deux observateurs pour éduquer très précocement la compréhension de la relativité des observables.

Enfin, pour clore ces réflexions sur l'avenir de l'enseignement des sciences, il faut encore insister sur une question centrale mais concernant essentiellement les niveaux secondaires et universitaires : c'est celle du caractère de plus en plus interdisciplinaire que prend nécessairement la recherche en tous les domaines. Or, actuellement encore les futurs chercheurs sont fort mal préparés à cet égard, par des enseignements visant la spécialisation et aboutissant en fait au morcellement, faute de comprendre que tout approfondissement spécialisé rencontre au contraire de multiples interconnexions. Nous abordons ici un problème relevant de l'épistémologie générale des sciences autant que de leur méthodologie mais il semble clair que l'avenir de l'enseignement des sciences dépendra toujours davantage de leur épistémologie, ce que l'on constate déjà à de nombreux indices.

Le morcellement des disciplines scientifiques s'explique, en effet, par les préjugés positivistes. Dans une perspective où seuls comptent les observables, qu'il s'agit simplement de décrire et d'analyser pour en dégager les lois fonctionnelles, il est inévitable que les diverses disciplines paraissent séparées par des frontières plus ou moins nettes et même fixes, puisque celles-ci tiennent à la diversité des catégories d'observables, elles-mêmes relatives à nos instruments, subjectifs et objectifs, d'enregistrement (perceptions et appareils). Par contre, sitôt que, en violation des règles positivistes (et elles sont, en fait, constamment transgressées, même quand certains auteurs, d'ailleurs de moins en moins nombreux, les approuvent en leurs préfaces), l'on cherche à expliquer les phénomènes et leurs lois au lieu de se borner à les décrire, on dépasse forcément les frontières de l'observable, puisque toute causalité relève de la nécessité inférentielle, c'est-à-dire de déductions et structures opératoires irréductibles à la simple constatation. La causalité consiste, en effet, en une composition de productions et de conservations, tout comme les opérations logico-mathématiques, sauf que celles-ci sur le terrain physique sont alors attribuées aux objets eux-mêmes ainsi transformés en « opérateurs ». En ce cas, la réalité fondamentale n'est plus le phénomène ou l'observable, mais bien la structure sous-jacente, reconstituée par déduction et qui rend compte des données observées. Mais, par le fait même, les frontières entre les disciplines tendent à disparaître, car les structures sont ou communes (comme entre la physique et la chimie, que Auguste Comte croyait irréductibles l'une à l'autre) ou solidaires les unes des autres (comme ce sera sans doute le cas entre la biologie et la physicochimie).

Cela dit, il est alors évident que si l'enseignement des sciences veut s'adapter aux conditions du progrès scientifique et préparer des novateurs plus que des esprits conformistes, *c'est sur ce structuralisme de plus en plus conquérant et généralisé qu'il doit mettre l'accent avec tout ce que cela comporte de vision interdisciplinaire :* structuralisme mathématique avec la théorie des groupes et des « catégories », etc., structuralisme physique avec l'extension indéfinie des attributions de ces systèmes aux modèles explicatifs représentant les interactions des objets eux-mêmes, structuralisme biologique, avec les problèmes d'équilibration ou d'autorégulations, même si les connexions entre les modèles cybernétiques et les structures mathématiques formalisables demeurent encore peu claires, etc. (sans oublier les structures de l'intelligence étudiées par la psychologie, mais à mettre en relation avec toutes les précédentes.)

Or, du point de vue pédagogique, il y a là une situation fort complexe qui comporte un beau programme d'avenir mais demeure aujourd'hui fort peu satisfaisante. En fait, si chacun parle des exigences interdisciplinaires, l'inertie des situations acquises, c'est-à-dire passées mais non encore dépassées, tend à la réalisation d'une simple multidisciplinarité ; au contraire, il s'agit de multiplier les enseignements, mais de façon à ce que chaque spécialité soit elle-même traitée dans un esprit sans cesse interdisciplinaire, c'est-à-dire sachant généraliser eux-mêmes les structures qu'ils emploient et les replacer dans les systèmes d'ensemble englobant les autres disciplines. Il s'agit, autrement dit, que les enseignants soient eux-mêmes pénétrés d'un esprit épistémologique assez large pour que, sans négliger pour autant le terrain de leur spécialité, l'étudiant voie de façon continue les rapports avec l'ensemble du système des sciences. Or, de tels hommes sont actuellement rares.

B. *Questions générales*

Ces quelques réflexions sur l'avenir de l'enseignement des sciences exactes et naturelles portent sur une situation qui, particulièrement importante pour le développement de nos sociétés, n'en est pas moins simplement représentative en ce sens que les mêmes problèmes se retrouvent sous une forme ou sous une autre à propos de toutes les autres branches du savoir.

Mais il y a plus. La première des leçons à tirer des tendances interdisciplinaires actuelles est la nécessité de *revoir de près les relations futures entre les sciences dites humaines et les sciences dites naturelles* et, par conséquent, la nécessité de chercher un remède aux conséquences catastrophiques qu'a eues la répartition des enseignements universitaires en « Facultés », et secondaires en « sections », toutes deux séparées par des cloisons étanches. Du point de vue théorique, la psychologie, réputée science de l'homme, est reliée sans discontinuité avec la biologie et avec la psychologie animale ou éthologie (zoologique), tandis que les mathématiques, situées avec les sciences naturelles, sont l'un des produits les plus directs de l'esprit humain. La théorie de l'information née des sciences de l'homme est aussi utile à la thermodynamique que celle-ci à l'informatique et à la linguistique. Il en est de même pour la théorie des jeux née de l'économie, etc.

Du point de vue pédagogique, il va donc de soi que l'éducation devra s'orienter vers un abaissement général des barrières ou *vers l'ouverture de multiples portes latérales pour permettre aux élèves* (secondaires comme universitaires) *le libre passage d'une section à une autre avec choix possible de multiples combinaisons.* Mais encore faudra-t-il alors que l'esprit des maîtres eux-mêmes soit de moins en moins cloisonné, cette décentration étant parfois plus difficile à obtenir chez eux que dans le cerveau des étudiants.

Cela dit, il importe de rappeler que parmi les branches classées littéraires, il en est une qui aux niveaux secondaires et universitaires s'est toujours offerte à toutes les synthèses et que de nombreux esprits, mais malheureusement parmi les moins informés, considèrent encore comme l'organe ou le siège qualifié d'avance pour centraliser les relations interdisciplinaires : c'est la philosophie, dont se méfient un nombre croissant d'hommes de sciences pour les raisons qu'on va voir, mais que bien des biologistes appellent souvent encore à leur secours sitôt comprise l'insuffisance d'un certain mécanisme archaïque qui a sévi encore récemment en leur science. Or, la position fragile de la philosophie provient de ce fait qu'après avoir vu se séparer d'elle la logique, la psychologie et la sociologie, elle assiste aujourd'hui à l'élaboration d'épistémologies mathématiques, physiques et psychogénétiques (etc.), dont il est facile de prévoir que leur réunion constituera l'épistémologie de demain. La question est alors de savoir si l'organisation scolaire de l'avenir maintiendra par tradition (car elle est malheureusement exposée à toutes les maladies dues à l'inertie, comme le montre la survie de l'agrégation ou autres concours qui ont survécu à mai 1968) les privilèges abusifs de la philosophie ou *si les enseignements de culture générale s'engageront enfin dans la voie du structuralisme scientifique.*

Or, cette dernière position est d'autant mieux préadaptée à l'évolution future des branches « humaines » de la science que le structuralisme bénéficie de grandes traditions en linguistique et fleurit aujourd'hui en anthropologie culturelle et dans certaines écoles psychologiques, sans parler des multiples modèles cybernétiques et autres se cherchant en ces sciences et se multipliant dans les domaines économiques. Il en résulte, pour l'avenir des enseignements correspondants, une part à réserver, et de façon croissante, à des points de vue nouveaux, interdisciplinaires par leur nature même, comme ceux que développent aujourd'hui la psycholinguistique, la praxéologie (forme qualitative générale de l'économie), la psychologie et la sociologie économiques, etc.

Cela ne signifie d'ailleurs en rien qu'il faudra dans les années qui viennent multiplier les heures d'enseignement au niveau secondaire, en ajoutant ces nouvelles branches à celles qui existent déjà, mais qu'on peut prévoir une refonte des enseignements existants dans le sens d'un élargissement systématique des points de vue, rien n'empêchant les maîtres de langue d'acquérir une culture linguistique suffisante pour insuffler un esprit plus large dans l'étude des grammaires, ni les maîtres d'histoire de dominer les facteurs généraux de l'évolution des civilisations en se référant à autre chose que la succession des batailles ou des dynasties.

Mais les problèmes qui subsistent dans le cas des branches proprement littéraires sont de prévoir comment faire une place suffisante, dans la formation actuelle et future des élèves, à ces deux composantes fondamentales de l'éducation scientifique : une « activité » authentique des élèves, appelés à reconstruire et en partie réinventer les vérités qu'il faut assimiler, et surtout une pratique individuelle de l'esprit expérimental et des méthodes qu'il comporte. En effet, on ne réinvente pas le latin ni l'histoire et l'on ne saurait se livrer à des expériences (« pour voir », donc heuristiques, ou de contrôle des hypothèses explicatives) sur la civilisation grecque... D'autre part, si nous commençons à connaître les stades de formation des opérations logico-mathématiques ou de la causalité dans l'esprit des élèves en ses manifestations en partie spontanées, nous ne possédons pas ou pas encore de connaissances comparables quant aux mécanismes constitutifs qui engendrent les structures linguistiques ou commandent la compréhension des faits historiques. Du point de vue de la recherche psychopédagogique, il y a donc là une série de problèmes encore ouverts, qu'ils comportent ou non des solutions comparables à celles dont il a été question plus haut.

Quant à la pratique pédagogique, c'est-à-dire à la nécessité d'initier les élèves des sections littéraires autant que les futurs scientifiques aux procédures expérimentales avec la part d'activité libre que suppose une telle formation, deux solutions sont possibles, d'ailleurs nullement exclusives l'une par rapport à l'autre. La première, qui nous paraît assez indispensable, consiste à prévoir des programmes mixtes avec heures de sciences (ce qui est d'ailleurs déjà l'usage) mais où l'élève puisse se livrer à des expériences par lui-même et non pas dictées dans le détail. La seconde solution (qui nous semble devoir être ajoutée à l'autre) revient à consacrer certaines heures de psychologie (dans le cadre de la « philosophie » ou de la future épistémologie générale) à des expériences de psychologie expérimentale ou de psycholinguistique, etc.

Il nous reste deux problèmes généraux à mentionner. *Le premier* tient à *la préparation des maîtres,* ce qui constitue en fait la question préalable de toutes les réformes pédagogiques à venir, car tant qu'elle ne sera pas résolue de façon satisfaisante, il est entièrement vain de faire de beaux programmes ou de construire de belles théories sur ce qui devrait être réalisé. Or, cette question est double. Il y a d'abord le problème social *de la valorisation ou de la revalorisation du corps enseignant primaire et secondaire,* dont l'opinion publique n'estime pas les services à leur juste valeur, d'où la désaffection et la pénurie qui sévissent en ces professions et constituent l'un des dangers majeurs pour le progrès et même la survie de nos civilisations malades. Il y a ensuite la formation intellectuelle et morale du corps enseignant, problème très difficile car meilleures sont les méthodes préconisées pour l'enseignement, et plus malaisé devient le métier de maître qui suppose à la fois le niveau d'une élite au point de vue des connaissances de l'élève comme des matières et une vocation véritable dans l'exercice de la profession. A ces deux problèmes ne correspond qu'une seule et même solution rationnelle : *une formation universitaire complète pour les maîtres de tous les niveaux* (car plus les élèves sont jeunes, et plus l'enseignement implique de difficultés si on le prend au sérieux), à l'instar de la formation des médecins, etc. La préparation universitaire complète est en particulier nécessaire pour une formation psychologique suffisante, et cela pour les futurs maîtres secondaires autant que primaires.

Enfin, pour ce qui est des structures d'avenir de l'Université dont dépendra donc la préparation des maîtres autant que de n'importe quels autres spécialistes, il est clair qu'à vouloir diminuer le rôle désastreux des Facultés *il faudra leur substituer des ensembles mobiles interdisciplinaires de tous genres* (par exemple biologie × psychologie linguistique ou mathématiques × physique × épistémologie, etc.). Mais ces combinaisons demeureront inopérantes tant que deux principes fondamentaux ne seront pas appliqués en toutes leurs conséquences : 1. une union étroite de l'enseignement et de la recherche, les étudiants devant être associés à celle-ci, en particulier pour la solution de problèmes nouveaux et non encore résolus, dès les années d'initiation, sous peine de ne rien comprendre à la science déjà constituée ; 2. des recherches en équipe dirigées non pas par un seul professeur mais par des représentants de spécialités complémentaires, travaillant en constante coopération (par exemple, psychologie et logique, etc., malgré la difficulté réelle, mais nullement insurmontable, de telles liaisons, dont nos expériences genevoises ont montré la possibilité).

Le droit à l'éducation dans le monde actuel

La Déclaration universelle des droits de l'homme votée par les Nations Unies comprend un article 26 dont voici le texte :

1. *Toute personne a droit à l'éducation. L'éducation doit être gratuite, au moins en ce qui concerne l'enseignement élémentaire et fondamental. L'enseignement élémentaire est obligatoire. L'enseignement technique et professionnel doit être généralisé ; l'accès aux études supérieures doit être ouvert en pleine égalité à tous, en fonction du mérite.*

2. *L'éducation doit viser au plein épanouissement de la personnalité humaine et au renforcement du respect des droits de l'homme et des libertés fondamentales. Elle doit favoriser la compréhension, la tolérance et l'amitié entre toutes les nations et tous les groupes raciaux ou religieux, ainsi que le développement des activités des Nations Unies pour le maintien de la paix.*

3. *Les parents ont, par priorité, le droit de choisir le genre d'éducation à donner à leurs enfants.*

On a donc tenu à mettre en évidence les obligations de la société envers l'individu à éduquer, mais aussi, et en retour, on a voulu souligner certains des buts sociaux de l'éducation : on a, en particulier, marqué la solidarité nécessaire qui unit l'épanouissement de la personne et le respect de celle d'autrui. On a enfin relevé le rôle des parents. C'est à ces divers points de vue que nous nous placerons successivement dans le commentaire qu'on nous fait l'honneur de nous demander de ce texte[1]. L'auteur de ces lignes n'est point un éducateur de métier, mais un psychologue conduit par ses recherches à étudier les problèmes de la formation de l'homme. C'est donc dans l'esprit de la constatation psychologique et sociologique la plus objective qu'il aimerait insister sur l'urgence des questions soulevées par l'état actuel de l'éducation.

1. Nous intervertirons simplement l'ordre des points 2 (voir IV et V) et 3 (voir III).

I

« TOUTE PERSONNE A DROIT À L'ÉDUCATION »

Le développement de l'être humain est fonction de deux groupes de facteurs : les facteurs d'hérédité et d'adaptation biologiques, dont dépend l'évolution du système nerveux et des mécanismes psychiques élémentaires ; et les facteurs de transmission ou d'interaction sociales, qui interviennent dès le berceau et jouent un rôle toujours plus important, au cours de la croissance, dans la constitution des conduites et de la vie mentale. Parler d'un droit à l'éducation, c'est donc d'abord constater le rôle indispensable des facteurs sociaux dans la formation même de l'individu.

Seules quelques sociétés animales de type inférieur sont entièrement réglées par le jeu des instincts, c'est-à-dire de dispositifs héréditaires demeurant intérieurs aux individus eux-mêmes. Chez les animaux supérieurs, déjà, l'achèvement de certaines conduites, exclusivement instinctives ou innées en apparence, requiert l'intervention de transmissions sociales extérieures, sous la forme d'imitations, de dressage, bref d'une éducation des petits par la mère ou le père. Un psychologue chinois a, par exemple, montré combien l'instinct de chasse des petits chats séparés de leur mère se développe moins bien que les mêmes conduites renforcées par les stimulations et l'exemple maternels. Mais, chez l'animal, la vie de famille est courte et les débuts d'éducation qu'elle entraîne restent bien limités; chez les plus doués des anthropoïdes, les chimpanzés, les rapports entre parents et enfants cessent après quelques semaines, et, au terme de la première année, le rejeton n'est reconnu par sa mère que dans un cas sur cinq.

La différence essentielle entre les sociétés humaines et les sociétés animales tient au contraire à ce que les principales des conditions sociales de l'homme — les moyens techniques de production, le langage avec l'ensemble des notions dont il permet la construction, les mœurs et les règles de tous genres — ne sont plus déterminées du dedans par des mécanismes héréditaires tout montés, prêts à être activés au contact des choses et des proches : ces conduites s'acquièrent par transmission extérieure, de génération en génération, c'est-à-dire par l'éducation, et ne se développent qu'en fonction d'interactions sociales multiples et différenciées. Depuis le temps que les hommes parlent, par exemple, aucun idiome ne s'est fixé héréditairement, et c'est toujours par une action éducative externe de l'entourage familial sur le jeune enfant que celui-ci apprend sa langue, si bien dite « maternelle ». Sans doute, les potentialités du système nerveux humain permettent une telle acquisition, refusée aux anthropoïdes, et la possession d'une certaine « fonction symbolique » fait partie de ces dispositions internes que la société ne crée pas mais utilise : cependant, sans une transmission sociale extérieure (c'est-à-dire, en premier lieu, éducative), la continuité du langage collectif demeurerait proprement impossible. Un tel fait marque, dès le départ, le rôle de cette condition formatrice, non suffisante à elle seule, mais strictement nécessaire au développement mental qu'est l'éducation.

Or, ce qui est vrai du langage — moyen d'expression des valeurs collectives — l'est autant de ces valeurs elles-mêmes, ainsi que des règles qui les ordonnent, à commencer par les deux systèmes de valeurs et de normes les plus importants pour l'adaptation ultérieure de l'individu à son milieu : la logique et la morale.

On a pu croire longtemps que la logique était innée chez l'individu et appartenait, de fait et de droit, à cette « nature humaine » que le sens commun considère comme antérieure à la vie sociale : d'où cette idée courante, aux XVIIe et XVIIIe siècles encore (et dont l'opinion moyenne est restée tributaire), que les « facultés logiques », etc., sont « naturelles », et mêmes seules « naturelles » par opposition aux produits artificiels de la vie collective. Descartes considérait ainsi le « bon sens », c'est-à-dire la faculté de raisonner logiquement, comme la chose du monde la plus répandue, et Rousseau fondait tout son système pédagogique sur l'opposition entre les perfections congénitales de l'individu et les déviations ultérieures dues à la vie sociale. Ce sont ces notions qui ont inspiré les doctrines de l'école traditionnelle : l'homme étant préformé dans l'enfant et le développement individuel consistant sans plus en une actualisation de facultés virtuelles, le rôle de l'éducation se réduit alors à une simple instruction ; il s'agit seulement de meubler ou d'alimenter des facultés toutes faites, et non pas de les former ; il suffit, en définitive, d'accumuler des connaissances dans la mémoire, au lieu de concevoir l'école comme un centre d'activités réelles (et expérimentales) poursuivies en commun, tel que l'intelligence logique s'y élabore en fonction de l'action et des échanges sociaux.

Or, la logique n'est point innée chez l'enfant. Le résultat le plus clair d'un ensemble de recherches, portant non pas seulement sur la pensée verbale des petits, mais sur leur intelligence pratique et sur les opérations concrètes au moyen desquelles ils construisent leurs classifications, leurs notions de nombre et d'espace, d'ordre et de quantité, de mouvement, de temps et de vitesse, etc., a permis de mettre en évidence ce fait que certains raisonnements, tenus pour logiquement nécessaires à partir d'un certain niveau mental, sont étrangers aux structures intellectuelles antérieures.

Pour fixer les idées par exemple concret, tout enfant normal de 7 à 8 ans admettra que, si deux verres de formes différentes A et B contiennent aussi la même quantité d'eau, et si les deux verres B et C contiennent aussi la même quantité, alors les quantités contenues en A et en C sont égales, même lorsque les verres A et C sont de formes plus dissemblables que A et B ou que B et C. Au contraire, selon les petits de 4-5 ans, il n'y a aucune raison pour admettre que les quantités A et C soient égales, quand on a constaté les égalités A = B et B = C, et il n'y a même pas de raison décisive pour que l'eau se conserve en changeant de récipient[1] ! Quant aux enfants de 7 à 10 ou 11 ans, s'ils trouvent évident le raisonnement A = B, B = C, donc A = C, lorsqu'il s'agit d'une simple quantité d'eau, ils le mettront en doute dès qu'il sera question de notions plus complexes (par exemple, de poids)[2] et *a fortiori* de raisonnements simplement verbaux (c'est-à-dire sans manipulation d'objets). La logique formelle, au sens courant et adulte du terme (j'entends par là, cela va de soi, la capacité de raisonner selon une telle logique, comme M. Jourdain faisait de la prose sans le savoir, et non pas la connaissance d'une telle discipline) ne se construit réellement qu'à partir de 11 à 12 ans, et encore faut-il l'âge de 14-15 ans pour son achèvement.

De telles données de fait nous paraissent de nature à modifier profondément les termes classiques du problème pédagogique et par conséquent la signification du droit à l'éducation : si la logique même se construit au lieu d'être innée, il s'ensuit que la première tâche de l'éducation est de former la raison. La proposition « Toute personne a droit à l'éducation », comme l'affirme solennellement le début de notre article 26, signifie donc en premier lieu : « Tout être humain a droit à être situé, durant sa formation, en un milieu scolaire tel qu'il parvienne à élaborer, jusqu'à leur achèvement, ces instruments indispensables d'adaptation que sont les opérations de logique. » Or, cette formation est plus complexe qu'il ne peut sembler, et il n'est pas besoin d'une perspicacité particulière pour

1. Piaget et Szeminska, *La Genèse du nombre chez l'enfant*, Delachaux et Niestlé, chap. I.
2. Piaget et Inhelder, *Le Développement des quantités chez l'enfant*, Delachaux et Niestlé, chap. II.

s'apercevoir, en examinant les individus adultes et normaux, représentatifs de l'honnête moyenne humaine, que les personnalités vraiment logiques et maîtresses de leur raison sont aussi rares que les hommes vraiment moraux et exerçant leur conscience selon tout son pouvoir.

Ce qui vient d'être dit des instruments de la raison sera admis plus facilement de la formation morale — en théorie tout au moins. Chacun accordera que, si certaines dispositions innées permettent à l'être humain de construire les règles et les sentiments moraux, cette élaboration suppose l'intervention d'un ensemble de rapports sociaux déterminés, d'abord familiaux puis plus généraux. Chacun reconnaîtra dès lors, jusqu'à un certain point, le rôle formateur de l'éducation morale par opposition aux tendances simplement héréditaires. Mais ici de nouveau, et selon un parallélisme que l'analyse rend toujours plus frappant entre la formation morale et la formation intellectuelle de l'individu, la question se pose de savoir si l'apport extérieur que l'on attend de l'éducation pour compléter et informer les dispositions individuelles, congénitales ou acquises, peut se borner à une simple transmission de règles et de connaissances toutes faites : ne s'agit-il en l'espèce que d'imposer certains devoirs et une certaine obéissance, en symétrie avec l'obligation intellectuelle de retenir et de répéter certaines « leçons », ou le droit à l'éducation morale suppose-t-il, comme le droit à la formation de la raison, un droit à construire réellement, tout au moins à participer à l'élaboration de la discipline qui obligera ceux-là mêmes qui auront collaboré à sa construction ? Il se pose donc, en éducation morale, un problème de self-government, parallèle à celui de l'autoformation de la raison au sein d'une collectivité de recherche. Il convient, en tout cas, de souligner d'emblée que le droit à l'éducation intellectuelle et morale implique plus qu'un droit à acquérir des connaissances ou à écouter, et plus qu'une obligation d'obéir : il s'agit d'un droit à forger certains instruments spirituels précieux entre tous, et dont la construction réclame une ambiance sociale spécifique, non faite exclusivement de soumission.

L'éducation est ainsi, non seulement une formation, mais une condition formatrice nécessaire du développement naturel lui-même. Dire que toute personne humaine a droit à l'éducation, ce n'est donc pas uniquement suggérer, comme le suppose la psychologie individualiste tributaire du sens commun, que tout individu, assuré par sa nature psychobiologique d'atteindre un niveau déjà élevé de développement, possède par surcroît le droit de recevoir de la société l'initiation aux traditions culturelles et morales : c'est, au contraire et beaucoup plus profondément, affirmer que l'individu ne saurait acquérir ses structures mentales les plus essentielles sans un apport extérieur exigeant un certain milieu social de formation, et que, à tous les niveaux (à partir des plus élémentaires jusqu'aux plus élevés), le facteur social ou éducatif constitue une condition du développement. Sans doute, avant 3-4 ou 6-7 ans, selon les pays, ce n'est pas l'école mais la famille qui joue le rôle d'éducatrice. On répondra donc peut-être que, même à admettre ce rôle constructif des interactions sociales initiales, le droit à l'éducation concerne avant tout l'enfant déjà formé par le milieu familial et apte à recevoir un enseignement scolaire : il ne s'agirait plus alors de formation réelle, mais seulement d'instruction. Mais, à dissocier ainsi le processus éducatif en deux périodes, ou selon deux sphères d'influence, dont la première seule serait formatrice et la seconde se bornerait à la transmission de connaissances particulières, on appauvrit à nouveau la signification du droit à l'éducation. Non seulement on restreint la portée constructive de cette dernière, mais encore on sépare l'école de la vie : or, le problème essentiel est de faire de l'école le milieu formateur que la famille tend à réaliser sans y parvenir toujours suffisamment, et qui constitue la condition *sine qua non* d'un développement intellectuel et affectif complet.

Affirmer le droit de la personne humaine à l'éducation, c'est donc engager une responsabilité beaucoup plus lourde que d'assurer à chacun la possession de la lecture, de l'écriture et du calcul : c'est proprement garantir à tout enfant l'entier développement de ses fonctions mentales et l'acquisition des connaissances ainsi que des valeurs morales correspondant à l'exercice de ces fonctions, jusqu'à adaptation à la vie sociale actuelle. C'est surtout, par conséquent, assumer l'obligation — tenant compte de la constitution et des aptitudes qui distinguent chaque individu — de ne rien détruire ni gâcher des possibilités qu'il recèle et dont la société est appelée à bénéficier la première, au lieu d'en laisser perdre d'importantes fractions et d'en étouffer d'autres.

C'est pourquoi la proclamation d'un droit à

l'éducation implique, si l'on a la volonté de lui donner une signification dépassant le niveau des déclarations verbales, l'utilisation des connaissances psychologiques et sociologiques que nous avons des lois du développement mental et l'élaboration de méthodes et de techniques ajustées aux innombrables données que ces études fournissent à l'éducateur. Il s'agira alors de déterminer selon quelles modalités ce milieu social qu'est l'école parviendra aux meilleurs procédés de formation et si cette formation consiste en une simple transmission de connaissances et de règles, ou si elle suppose, comme nous l'avons déjà entrevu, des relations plus complexes entre le maître et l'élève et entre les élèves eux-mêmes. Nous y reviendrons à propos du « plein épanouissement de la personnalité humaine », que postule notre texte.

Bornons-nous, pour le moment, à formuler le principe et à chercher ce qui en découle du point de vue des obligations de la société envers l'enfant. Ce principe est donc que l'éducation n'est pas un simple apport, qui se surajouterait aux résultats d'un développement individuel réglé de façon innée ou s'effectuant avec l'aide de la famille seule : de la naissance à la fin de l'adolescence, l'éducation est une, et constitue l'un des deux facteurs fondamentaux nécessaires à la formation intellectuelle et morale, de telle sorte que l'école porte une part non négligeable de responsabilité quant au succès final ou à l'échec de l'individu dans la réalisation de ses propres possibilités et dans son adaptation à la vie sociale. En un mot, l'évolution interne de l'individu ne fournit qu'un nombre plus ou moins considérable, selon les aptitudes de chacun, d'ébauches susceptibles d'être développées, annihilées ou laissées à l'état inachevé. Mais ce ne sont que des ébauches, et seules les interactions sociales et éducatives les transformeront en conduites efficaces ou les anéantiront à tout jamais. Le droit à l'éducation est donc, ni plus ni moins, le droit de l'individu à se développer normalement, en fonction des possibilités dont il dispose, et l'obligation, pour la société, de transformer ces possibilités en réalisations effectives et utiles.

II

« L'ÉDUCATION DOIT ÊTRE GRATUITE »

L'abîme qui sépare encore l'éducation, telle qu'elle existe en fait, de ce qu'implique le droit à l'éducation, si l'on accepte ce que nous venons de rappeler, ne peut être comblé qu'étape après étape. Il s'agit d'abord de distinguer le droit à l'éducation du premier degré, que chaque pays reconnaît, mais dont l'application se heurte encore, en d'immenses territoires, à des difficultés insurmontables, et le droit à l'enseignement du second degré que chacun ne reconnaît point encore. Il s'agira ensuite de distinguer le droit à fréquenter une école organisée et le droit à y trouver tout ce que supposerait le « plein épanouissement de la personnalité humaine ».

Commençons donc par l'école telle qu'elle existe et par le droit à y recevoir un enseignement du premier degré : « L'éducation doit être gratuite, au moins en ce qui concerne l'enseignement élémentaire et fondamental. L'enseignement élémentaire est obligatoire. »

L'enseignement du premier degré est légalement obligatoire aujourd'hui dans la presque totalité des pays. Mais il importe de ne pas se leurrer : un tel état de droit ne saurait encore correspondre à une application universelle de la loi, parce que le nombre des écoles et des maîtres demeure insuffisant par rapport à la population d'âge scolaire. Un nouveau contingent de jeunes analphabètes vient s'ajouter chaque année, dans un ensemble relativement important de contrées, au contingent déjà considérable des analphabètes adultes. C'est pourquoi l'une des premières tâches éducatives que s'est assignée l'Unesco est la lutte contre l'analphabétisme : une vaste campagne en faveur de l' « éducation fondamentale » a été entreprise dans les régions du globe où la civilisation moderne est de date récente (en certaines régions d'Afrique et d'Asie, par exemple). Il existe aussi de nombreux pays, civilisés de longue date, qui ne sont point encore parvenus à résoudre le problème de l'analphabétisme à l'âge scolaire. Bien plus, la question de l'éducation fondamentale intéresse, en certaines régions, les adultes eux-mêmes, et de belles réalisations sont déjà à l'actif de plusieurs pays dans la lutte contre ce genre d'analphabétisme et dans la mise au point de nouvelles techniques pédagogiques adaptées à ce but spécial : chacun connaît, par exemple, les « missions scolaires » instituées au Mexique (à l'instigation de l'actuel Directeur général de l'Unesco, lorsqu'il était ministre de l'Instruction publique de ce pays), qui propagent l'instruction élémentaire dans les endroits reculés des campagnes et des montagnes.

Mais le problème de l'obligation scolaire du premier degré se double d'une question de justice sociale, ou, si l'on préfère, de justice scolaire en tant que cas particulier de la justice sociale. La scolarité élémentaire obligatoire n'a de sens que si l'enseignement du premier degré est gratuit (ainsi naturellement que son extension aux groupes adultes demeurés analphabètes). Aussi la gratuité de cet enseignement est-elle admise par tous les pays qui le rendent obligatoire. Mais qui dit gratuité ne saurait se borner à cette mesure en quelque sorte négative qui consiste à ne pas prélever de droits d'inscription. Bien d'autres problèmes se posent, les uns d'ordre pour ainsi dire extrinsèque (exonération des frais de transport pour les élèves habitant à grandes distances[1], organisation de cantines gratuites et même de vestiaires, etc.), les autres de caractère vital pour l'enseignement lui-même. Parmi ces dernières questions, il convient de mettre au premier plan la question de la gratuité du matériel scolaire[2]. Tout travail scolaire suppose un matériel, et, plus les méthodes sont actives, plus le matériel utilisé augmente d'importance : or, il est clair que l'élève prendra son activité d'autant plus à cœur que ses instruments de travail et surtout que le résultat de ses efforts lui appartiendront. Dans les systèmes traditionnels d'éducation, il ne s'agit que de manuels d'enseignement, de cahiers et de papier, ou de quelques matières indispensables aux leçons de dessin et aux travaux manuels. Mais, si, dans le cas des méthodes actives, le rôle des manuels d'enseignement diminue, l'imprimerie à l'école, la confection de fiches et de collections, les constructions de tous genres (graphiques et autres) supposent,

1. *Dixième Conférence internationale de l'Instruction publique*, recommandation n° 21, art. 6.
2. V. *La gratuité du matériel scolaire*, Unesco et Bureau international d'Éducation.

par contre, un matériel toujours plus abondant, et le rendement des efforts de l'écolier sera d'autant meilleur que les fruits de son travail seront et demeureront sa propriété. Or, la gratuité du matériel scolaire est encore insuffisamment étendue, malgré les tendances s'affirmant un peu partout dans le sens d'une exonération complète de tous frais. Il y a là une question aussi vitale pour l'enseignement que celle de l'inscription même à l'école : « Le principe de la gratuité du matériel scolaire doit être considéré comme le corollaire naturel et nécessaire de l'obligation scolaire[1]. »

Si la solution de ces questions est déjà entrevue dans un grand nombre de pays, le problème de l'obligation et de la gratuité de l'enseignement du deuxième degré se présente malheureusement en de tout autres conditions. Dès la troisième Conférence de l'Instruction publique réunie par le Bureau international d'Éducation en 1934, l'étude internationale de la « prolongation de la scolarité obligatoire » et de l' « admission aux écoles secondaires » a permis de se rendre compte des interférences multiples existant entre ces questions fondamentales de justice scolaire ou de « droit à l'éducation », et les questions sociales liées à l'organisation du travail ou aux structures professionnelles, bref à la division de la société en classes sociologiquement hétérogènes.

La situation est, en effet, la suivante. Ou bien on admet pour tous les élèves le droit à un

1. *Dixième Conférence internationale de l'Instruction publique*, recommandation n° 21, art. 1.

enseignement du second degré, en fixant de façon uniforme les âges limites inférieurs et supérieurs de la scolarité et en fournissant aux familles les moyens de faire honneur à cette obligation ; et alors se pose la question des divers types possibles d'enseignement secondaire et de l'orientation des élèves dans les différentes directions. Ou bien on admet le caractère non obligatoire de l'enseignement du second degré, réservant à certaines catégories d'élèves l'acheminement aux études supérieures ou simplement aux diplômes de fin d'études secondaires et tolérant que d'autres catégories abandonnent toute vie scolaire pour entrer directement en apprentissage ; mais alors se pose la question de savoir selon quels critères se fait la sélection et quels sont les procédés d'orientation permettant de choisir entre ces directions divergentes. Dans les deux cas, se retrouve donc le même problème d'orientation scolaire en fonction d'un acheminement professionnel plus ou moins proche ou éloigné. Et dans les deux cas, se retrouvent les deux mêmes facteurs dont dépend la solution : valeur personnelle de l'élève et conditions sociales ou économiques de la famille.

En de telles conditions peut-on parler d'un droit à l'enseignement du second degré et quelle est la signification à conférer à ce droit ? Le paragraphe 1 de notre article 26 est entièrement explicite sur ce point : même si, pour des raisons tenant à l'économie des pays considérés, la gratuité de l'éducation est provisoirement limitée au niveau du premier degré, « l'enseignement technique et professionnel doit être généralisé » et surtout « l'accès aux études supérieures doit être ouvert en pleine égalité à tous, en fonction du mérite ». En d'autres termes, il existe un droit à l'éducation du second degré, quelle que soit la profession ultérieure de l'élève, et ce droit implique une préparation professionnelle pour tous les métiers, l'acheminement aux carrières libérales, c'est-à-dire l'accès aux universités et aux hautes écoles, étant à déterminer d'après la valeur des élèves et non pas d'après leurs conditions de classe ou de race.

On aperçoit immédiatement la complexité et la gravité des problèmes soulevés par une telle déclaration. On peut les grouper autour de trois principaux, dont chacun se présente sous une forme antinomique : 1° du point de vue social et économique, il s'agit d'assurer une prolongation de la scolarité indépendamment des conditions de fortune de la famille, puisque le mérite de l'élève et ses aptitudes peuvent se trouver en conflit avec sa situation matérielle ; 2° du point de vue de la transmission des valeurs collectives, il s'agit de concilier une culture générale suffisante avec une spécialisation professionnelle effectuée à temps, alors que le conflit entre ces deux exigences augmente avec chaque progrès scientifique et technique ; 3° du point de vue de la formation personnelle de l'élève, il s'agit de lui assurer une formation physique, intellectuelle et morale aussi complète que possible tout en l'orientant selon ses aptitudes propres : or, celles-ci (une aptitude est, par définition, ce qui distingue les uns des autres les individus de même niveau mental) se différencient de plus en plus en fonction de l'âge.

Un fait fondamental conditionne la solution de

ces trois problèmes : c'est que le développement intellectuel et moral normal, dans les sociétés les plus civilisées, ne s'achève que vers 15 ans. C'est vers 15 ans seulement, en particulier, qu'il devient possible de déceler avec quelque précision les aptitudes différenciant les individus les uns des autres, tandis qu'auparavant toute orientation reste aléatoire et risque de négliger des potentialités importantes. Il est donc nécessaire, si l'on ne pense qu'au bien des élèves et de la société, d'assurer un enseignement général du second degré jusqu'à cet âge moyen, en laissant ouvertes les questions d'acheminement professionnel, ce qui permet d'acquérir une connaissance suffisante de chaque élève et facilite son orientation définitive au terme de cette scolarité commune.

C'est donc le problème de ce que l'on a parfois appelé l' « école unique » qui est ainsi posé. Une telle expression a fait couler des flots d'encre inutiles, car les partis politiques se sont emparés en certains pays de cette étiquette, ce qui a naturellement provoqué l'opposition des partis adverses contre une idée qu'ils auraient pu défendre sans cette circonstance : or, on ne s'est pas aperçu que le même principe était tantôt défendu tantôt combattu par les mêmes partis, mais à des moments différents ou dans des pays voisins, tant les luttes partisanes conduisent à s'attacher au mot plutôt qu'à la notion. Nous ferons donc abstraction du mot et ne retiendrons que le principe, sur lequel l'accord des éducateurs tend de plus en plus à se faire : quelle que soit la diversité des types d'école accueillant les enfants de 11-12 à 14-15 ans (débuts de l'enseignement classique, scientifique ou technique avec tous les mixtes), il importe que l'ensemble de ces écoles constituent un système ou une institution uniques, tel que le passage d'une section à une autre demeure toujours possible au vu des résultats et des échecs survenant en cours de route et des aptitudes se manifestant tardivement (ou surtout des aptitudes dont la détection a pu échapper au début de la scolarité secondaire). Il importe donc, avant tout, que de tels passages d'une section à l'autre ne soient pas considérés comme une mesure d'exception, mais essentiellement comme la condition d'une bonne orientation.

Ce principe admis, son application suppose que l'on fournisse une solution aux trois problèmes énoncés à l'instant ; c'est alors que se manifestent la diversité des modes d'organisation nationale et l'écart plus ou moins considérable subsistant entre la réalité et l'idéal souhaité.

En premier lieu, et dominant toutes les autres, il y a la question économique. L'enseignement du second degré est déjà gratuit en plusieurs pays (sauf d'ailleurs les frais d'internat, à quelques rares exceptions près) ; mais il ne l'est nullement partout et n'implique que rarement la gratuité du matériel d'enseignement. Lorsque l'école secondaire est gratuite, il va de soi, d'autre part, que la simple suppression des frais d'inscription ne supprime pas le problème financier posé à la famille : il y a la question de l'entretien de l'enfant, de son manque à gagner, de la distance à parcourir lorsque l'élève habite loin de l'école et surtout des frais de pension lorsqu'il doit se fixer en une ville déterminée. Chacune de ces difficultés se retrouve naturellement, mais décuplée, en ce qui concerne les études universitaires.

Le remède utilisé généralement est alors le système des bourses, dont on sait les immenses services qu'il a rendus et rend à un grand nombre de bien doués, mais dont il est évident qu'il demeure un palliatif tant qu'il n'atteint pas une généralisation suffisante et ne se transforme pas en une garantie collective permanente sanctionnant le droit à l'enseignement du second degré. Une grande variété de formules s'observe à cet égard. En règle générale, le montant des bourses est fonction simultanément des aptitudes du candidat et de la situation économique de la famille. De nombreuses mesures ont donc été prises pour faciliter la détection des bien doués, et même parfois pour stimuler les demandes que certaines familles hésitent à faire, comme si l'attribution d'une bourse équivalait à une sorte de subside exceptionnel ou même d'acte de charité. Un grand chemin reste donc à parcourir jusqu'à ce que l'on admette, d'une part, que les bourses ne sont point à réserver aux élèves spécialement doués mais doivent tendre à réaliser l'éducation secondaire pour tous, et, d'autre part, qu'unc bourse n'est point l'expression d'une générosité de l'État mais répond à une obligation précise de la société.

L'ensemble de cette situation a donné lieu, dans les milieux les plus variés, à un mouvement, devenu très général, en faveur d'une réelle égalité d'accès à l'enseignement du second degré, ou d'une « école secondaire pour tous[1] ». Il n'est pas douteux qu'il y ait là l'un des problèmes les plus urgents de justice scolaire et de justice sociale tout court qui se posent aujourd'hui.

Mais il va de soi qu'un enseignement secondaire généralisé ne signifie en rien une seule et même orientation commune, telle que la totalité des élèves soit à diriger vers le baccalauréat et l'entrée à l'université. Il s'agit, au contraire, de différencier l'enseignement du second degré dans la mesure même où on le généralise, de façon que le futur travailleur manuel, le futur paysan ou le futur petit commerçant trouvent au niveau secondaire des instruments aussi utiles pour leur travail ultérieur que le futur technicien ou le futur intellectuel, bien que ces instruments de travail soient bien différents. C'est ici que se posent les deux derniers des trois problèmes distingués plus haut : concilier la culture générale avec la spécialisation, ainsi que la formation complète de l'adolescent avec ses aptitudes propres. Deux aspects d'un même problème, si l'on veut, mais dont l'un concerne le développement des valeurs collectives et l'autre celui de la personne elle-même.

Du point de vue de la transmission des valeurs collectives, il apparaît toujours plus clairement que les diverses activités de l'homme forment un tout indissociable. Il est, par exemple, impossible de rendre compte de la vie réelle d'une société sans admettre l'interdépendance profonde des techniques et des notions scientifiques : que

1. V. *L'Égalité d'accès à l'enseignement du second degré*, Unesco et Bureau international d'Éducation.

celles-ci soient le reflet de celles-là ou que celles-là soient engendrées par celles-ci, elles ne s'en appuient pas moins les unes sur les autres en un processus historique continu, dont les différents aspects, même littéraires, de la culture sont également solidaires à des degrés divers (et sous forme d'oppositions ou d'évasions autant que de dépendance directe). La « culture générale » que l'enseignement du second degré a pour mission de transmettre à l'élève ne saurait donc se borner, comme on l'imagine trop souvent, à une formation abstraite (littéraire, scientifique ou mixte) sans racines dans la structure et la vie réelle de la société envisagée comme un tout, mais devrait parvenir à lier en une totalité plus organique les différents aspects pratiques ou techniques, scientifiques et artistiques de la vie sociale, en rattachant cet ensemble à une conception de l'histoire portant sur la civilisation au sens le plus plein du terme et non pas seulement sur les événements politiques et militaires (conséquences moins que causes des événements collectifs sous-jacents). Il n'est donc pas certain que l'extension de l'enseignement du second degré à des élèves s'acheminant vers toutes les professions, des plus manuelles aux plus intellectuelles, aboutisse à une impasse du point de vue des exigences respectives de la culture générale et de la spécialisation : cette culture générale a tout à gagner, au contraire, à se retremper dans le concret et à repartir de l'interaction fondamentale des différents aspects de la vie sociale ; bref, à découvrir et à étudier l'homme tel qu'il est et a toujours été, et non pas tel que la tradition scolaire a enseigné qu'il était. Il est donc facile de concevoir, au point de départ de l'enseignement du second degré, certains enseignements communs à toutes les divisions en même temps que d'autres d'emblée spécialisés.

Quant au troisième problème, il est sans doute bien plus délicat : concilier la formation générale avec la spécialisation, lorsqu'il s'agit d'éduquer un individu particulier et non plus de transmettre à toute une génération un certain nombre de valeurs collectives, communes ou spécialisées, est une tâche qui se heurte à cette difficulté essentielle qu'il n'existe pas deux individus semblables. Dans la pratique actuelle, l'orientation future de l'élève est avant tout affaire de traditions familiales et de considérations économiques de classes : il est entendu que l'enfant né dans une famille à professions libérales embrasse une telle carrière sous peine de déchoir, tandis que le fils de paysan demeure paysan sauf aptitudes exceptionnelles, etc. Mais si, comme le proclame solennellement l'article 26 de la nouvelle Déclaration des droits de l'homme, en accord avec un mouvement de plus en plus général dans les sociétés civilisées, l'accès à l'université doit être fonction du seul mérite et l'enseignement du second degré doit être généralisé à toutes les autres formes d'acheminement professionnel, il est alors clair que l'école est chargée de nouvelles tâches singulièrement lourdes et décisives : celle de sélectionner et d'orienter, en vue non pas seulement des études supérieures, mais de toutes les formes d'activité professionnelle, revêtues d'une égale dignité ; et par conséquent, celle de découvrir et de développer les aptitudes individuelles les plus différentes au lieu de les évaluer sous le seul angle des succès scolaires ultérieurs, c'est-à-dire, en fait, selon une échelle à sommet unique, qui est universitaire.

La question préalable est alors celle de l'orientation : comment parvenir avec une objectivité suffisante à diagnostiquer des aptitudes à un âge où elles ne sont souvent que peu manifestes, et comment doubler ce diagnostic qui engagera parfois la carrière et la vie entières de l'élève ? Réservant pour le moment le rôle des parents (V. III), il n'existe que deux méthodes, l'examen proprement dit et l'analyse du travail accompli en cours de scolarité, chacun de ces deux procédés étant d'ailleurs susceptible de se subdiviser en deux autres. L'examen peut, en effet, consister soit en un examen scolaire soit en un examen psychologique conduit par une personne spécialisée (le personnel enseignant pouvant être lui-même formé par les études psychologiques nécessaires). L'analyse du travail accompli peut porter, d'autre part, sur le rendement scolaire au sens étroit du mot, ce qui ramène à des sortes d'épreuves (hebdomadaires, mensuelles, etc.) généralisant simplement les méthodes d'examen au premier sens du terme ; elle peut au contraire s'appliquer à l'activité proprement dite et en partie spontanée de l'élève et rencontrer alors les méthodes d'examen psychologique portant sur le comportement intellectuel général de l'élève (par opposition aux « tests »).

On a tout dit sur la valeur des examens scolaires, et cependant cette véritable plaie de l'éducation à tous les degrés continue de vicier — les mots ne sont pas trop forts — les rapports normaux entre le maître et l'élève en compromettant chez tous les deux la joie au travail et souvent la confiance réciproque. Les deux défauts essentiels de l'examen sont, en effet, qu'il n'aboutit généralement pas à des résultats objectifs et qu'il devient fatalement une fin en soi (car même les examens d'entrée sont toujours, par ailleurs, des examens finals : l'examen d'entrée à l'école secondaire devient un but pour l'éducation primaire, etc.). L'examen scolaire n'est pas objectif, d'abord parce qu'il implique toujours une certaine part de hasard, mais ensuite et surtout parce qu'il porte sur la mémoire plus que sur les capacités constructives de l'élève (comme si ce dernier était condamné à ne plus jamais pouvoir se servir de ses livres une fois sorti de l'école !) : aussi chacun peut-il vérifier combien le classement résultant des examens correspond peu au rendement ultérieur des individus dans la vie. L'examen scolaire devient une fin en soi parce qu'il domine les préoccupations du maître au lieu de favoriser sa vocation naturelle d'éveilleur de consciences et d'intelligences, et qu'il oriente tout le travail de l'élève vers le résultat artificiel qu'est la réussite des épreuves finales au lieu de faire appel à ses activités réelles et à sa personnalité. Aussi la seule explication du maintien des examens est-elle à chercher dans les facteurs de conservatisme social, et parfois même de concurrence, qui imposent ces dispositifs de protection aux degrés supérieurs de l'échelle et contraignent, par conséquent, à leur généralisation jusqu'aux échelons inférieurs. Lorsqu'on découvre, par exemple, que le corps médical de quelques pays exige des autorités scolaires l'inscription du grec ancien dans les branches obligatoires des futurs candidats en médecine, de manière à constituer une sorte de barrage artificiel, on comprend certains mobiles qui empêchent de remplacer l'examen scolaire par celui des aptitudes. Ce n'est pas que de telles préoccupations aient été prépondérantes à l'origine des examens : celle-ci s'explique plus simplement par la survivance des « rites de passage » ou d'initiation, puis par les discordances, si fréquentes dans l'histoire des rites sociaux, entre l'organe et la fonction, etc. Mais pour rendre compte de la conservation d'un tel système, sur la valeur duquel personne n'a d'illusion, il faut sans doute recourir à des raisons bien profondément enfouies dans l'inconscient des hommes !

L'appel aux méthodes psychologiques d'examen est donc une question de simple justice et constitue un corollaire nécessaire du droit à l'éducation du second degré. C'est ce qu'on a compris dans un nombre croissant de pays et ce qui motive actuellement tout un mouvement en faveur de l'organisation de services de psychologues scolaires[1] et en faveur de la formation psychologique des maîtres eux-mêmes[2]. De leur côté, les psychologues ont fourni un gros effort dans l'étude du développement mental, des aptitudes différentielles et des méthodes d'investigation permettant des déterminations de niveau ou d'aptitudes. Ces méthodes peuvent consister en examens par « tests » (d'ailleurs susceptibles de variations infinies et surtout de mises en corrélation entre eux) ou en procédés plus souples et

1. V. *Les Psychologues scolaires,* publication de l'Unesco et du Bureau international d'Éducation.

2. V. *L'Enseignement de la psychologie dans la formation des maîtres.*

plus délicats d'analyse[1]. Elles ne sont pas parfaites et sont l'objet, comme toutes les méthodes scientifiques, de révisions et de transformations continuelles. Elles ne remplacent nullement, au reste, l'analyse des résultats effectifs obtenus par l'élève en cours de scolarité (lorsque cette analyse est distincte des épreuves scolaires et porte sur le travail réel par opposition aux connaissances mémorisées). Mais elles sont à coup sûr supérieures — et en général de très loin — aux simples examens scolaires et sont destinées à les supplanter de plus en plus à titre d'épreuves d'admission.

Le second procédé d'orientation est fondé sur le travail effectif des élèves en cours de scolarité. Dans la mesure où les premières classes du second degré (de 12 à 15 ans, par exemple) consistent essentiellement en « classes d'orientation », c'est-à-dire que leur organisation rend possible les bifurcations et les passages (après trois, six ou douze mois) d'une division à une autre, la méthode la plus sûre de diagnostic et de pronostic est certainement celle qui se fonde sur l'observation des élèves et de leur travail réel. Mais c'est une méthode délicate, qui suppose à notre sens une collaboration constante entre les maîtres, responsables de l'enseignement, et les psychologues scolaires, dont le rôle est de suivre les élèves individuellement en leurs réussites et leurs échecs. C'est en outre, il va sans dire, une méthode dont la valeur est relative à celle des méthodes mêmes d'éducation. Si l'enseignement consiste simplement à donner des leçons, à les

1. B. Inhelder, *Le Diagnostic du raisonnement chez les débiles mentaux*, Delachaux et Niestlé.

faire répéter au cours de « récitations » ou d' « épreuves » et à les faire appliquer à quelques exercices pratiques toujours imposés, les résultats obtenus par l'élève n'ont alors guère plus de signification que dans le cas d'un examen scolaire quelconque, question de hasard mise à part. C'est seulement dans la mesure où les méthodes d'enseignement sont « actives », c'est-à-dire font une part de plus en plus grande aux initiatives et aux efforts spontanés de l'élève que les résultats obtenus sont significatifs. En ce dernier cas, il s'agit d'une méthode très sûre, consistant, si l'on peut dire, en une sorte d'examen psychologique continu, par opposition à cette sorte d'échantillonnage momentané que constituent malgré tout les tests. Mais, répétons-le, elle ne saurait aboutir à son plein rendement que par une intime union entre l'analyse pédagogique et l'analyse psychologique (que cette dernière soit conduite par le psychologue scolaire ou par des maîtres suffisamment informés des techniques de la psychologie).

C'est une fois orienté grâce à cette combinaison d'épreuves psychologiques et d'une étude suivie de son activité individuelle que l'élève sera dirigé définitivement dans les différentes divisions où il terminera ses études secondaires : acheminements professionnels divers et préparation aux hautes écoles.

III

« LES PARENTS ONT, PAR PRIORITÉ, LE DROIT DE CHOISIR LE GENRE D'ÉDUCATION À DONNER À LEURS ENFANTS »

L'orientation scolaire que nous venons de décrire est subordonnée, par l'alinéa 3 de notre article 26, à une condition restrictive qui semble aller de soi : l'approbation des parents. Il n'en convient pas moins de remarquer que toute l'histoire des sociétés humaines a marqué un amenuisement progressif de l'étendue et des droits de la famille (à partir du « clan », de la *gens*, de la famille patriarcale, etc.) et une extension corrélative des pouvoirs de l'État. De même, en éducation, les pleins pouvoirs des anciens de la tribu, puis du *pater familias* et enfin des parents dans les siècles derniers ont été de plus en plus limités par une réglementation scolaire, qui n'a pas toujours tourné au désavantage de l'enfant. Il est donc d'un certain intérêt de chercher à analyser la situation de fait, dans les circonstances actuelles où un ensemble de méthodes nouvelles sont proposées simultanément à l'État et aux familles.

Tout d'abord, il en est des parents comme de

toutes choses : on en trouve d'excellents, mais il en existe aussi de moins bons, contre la volonté desquels il est utile de pouvoir protéger l'enfant. Il y en a d'intelligents et de bien renseignés, mais il en est également de peu doués et de rétrogrades, qui hésiteront, par exemple, à voir un médecin ou à suivre ses conseils, en cas de maladie, et auxquels il ne faudra parler, en éducation, ni de psychologues ni de pédagogie nouvelle... Le problème est surtout de savoir comment agir avec les parents de cette dernière sorte : braves gens, ne souhaitant que le bien de leurs enfants, mais opposés par ignorance ou par traditionalisme à tout ce qui pourrait leur être réellement utile.

La plupart des praticiens de l'éducation nouvelle ont fait la même expérience : ce sont les parents qui constituent souvent le principal obstacle à l'application des méthodes actives. Il y a à cela deux raisons combinées et faciles à comprendre. La première est que, si l'on a confiance en des méthodes connues, en usage de longue date, on éprouve quelque inquiétude à l'idée que ses propres enfants puissent servir de sujets d'expérience, de « cobayes » suivant le cliché connu (comme si tout changement de programme, de manuel ou de maître, dans l'école traditionnelle, n'était pas aussi une « expérience » !). La seconde est que le souci dominant des parents, à tous les niveaux de la scolarité et même de l'éducation familiale préscolaire, est que leurs rejetons ne se trouvent pas « en retard » : il faut qu'un bébé sache marcher à *x* mois, au risque de devenir cagneux ; il faut qu'un bambin de l'école maternelle sache lire et compter jusqu'à 20, à *x* années, alors que tout conseille de ne rien bousculer artificiellement et de consacrer cette période d'initiations, précieuse entre toutes, à établir les fondements les plus solides possibles : or, les activités multiples de manipulation et de construction, qui sont nécessaires pour assurer la substructure pratique de l'ensemble des connaissances ultérieures, apparaissent aux parents comme un luxe inutile et une perte de temps, retardant simplement ce moment solennel et attendu par toute la tribu où le néophyte saura lire et compter jusqu'à 20 ! Et il en va de même à chaque nouvelle étape...

Quant à l'orientation des élèves au niveau du second degré, il va de soi qu'il peut y avoir conflit entre les conseils du maître, ou du psychologue orienteur, et les désirs des parents. Ce n'est nullement que ceux-ci soient toujours insensibles aux efforts fournis par les praticiens des classes d'orientation ou par les spécialistes du diagnostic des aptitudes pour les aider à conseiller leurs enfants. Mais il subsiste les cas possibles de conflits entre la volonté des parents et les indications de l'école ou de l'office d'orientation. Comment les résoudre ?

Malgré toutes ces circonstances bien connues, notre article 26 n'hésite pas à conférer aux parents le droit « par priorité » de décider de l'éducation à donner à leurs enfants. C'est qu'en toutes les sociétés connues, et malgré les transformations de structure de la famille, celle-ci demeure un rouage essentiel de la vie sociale. On peut donc toujours en appeler, de parents mal informés et pour ainsi dire insuffisamment éduqués, à des parents mieux informés et dont on aura, si l'on peut ainsi s'exprimer, complété l'éducation parentale.

A cet égard, si « toute personne a droit à l'éducation », il va de soi que les parents possèdent aussi, et également « par priorité », le droit d'être, sinon éduqués, du moins informés et même formés quant à la meilleure éducation à donner à leurs enfants. Deux sortes de mesures ont été employées dans ce but, et toutes deux méritent les plus sérieux encouragements.

En premier lieu, on a constitué des sociétés et organisé des congrès d' « éducation familiale » dont les deux buts simultanés sont d'attirer l'attention des parents sur les problèmes de l'éducation intérieure à la famille (conflits affectifs conscients et inconscients, etc.) et de les renseigner sur les questions scolaires et pédagogiques en général. On a de même, en certains pays, diffusé un ensemble de publications de vulgarisation psychologique et pédagogique sur les mêmes problèmes.

Mais on a surtout, en second lieu, déclenché, dans tous les milieux où l'éducation nouvelle prend une certaine importance, des mouvements de collaboration entre l'école et la famille, qui se sont avérés extrêmement fructueux, et profitables pour les deux parties en cause. L'école a effectivement tout à gagner à connaître les réactions des parents, et ceux-ci trouvent un profit croissant à être initiés en retour aux problèmes de l'école. Une liaison étroite et suivie entre les maîtres et les parents conduit donc à beaucoup plus qu'à une information mutuelle : c'est à une aide réciproque qu'aboutissent ces échanges, et souvent à une amélioration réelle des méthodes.

En rapprochant l'école de la vie ou des préoccupations professionnelles des parents et en donnant réciproquement aux parents un intérêt pour les choses de l'école, on en arrive jusqu'à un partage des responsabilités : en certains pays des conseils de parents et de maîtres réunis constituent les véritables inspirateurs de la pédagogie nouvelle et réalisent ainsi la synthèse souhaitée entre la famille et l'école.

IV

« L'ÉDUCATION DOIT VISER AU PLEIN ÉPANOUISSEMENT DE LA PERSONNALITÉ HUMAINE ET AU RENFORCEMENT DU RESPECT DES DROITS DE L'HOMME ET DES LIBERTÉS FONDAMENTALES »

L'article 26 de la Déclaration universelle des droits de l'homme ne se borne pas à affirmer le droit à l'éducation : il précise, en un commentaire aussi important que cette affirmation elle-même, en quoi consiste le but essentiel de cette éducation. Or, il est évident que cette détermination implique un choix entre les deux sortes de fonctions qu'il est possible d'attribuer à tout organe éducatif, public ou privé ; un choix, ou tout au moins, un postulat d'unité. Du point de vue de la société, en effet, on peut soulever une question préalable : la fonction de l'éducation est-elle nécessairement d'épanouir la personnalité, ou n'est-elle pas d'abord, et même essentiellement, de façonner les individus selon un modèle conforme aux générations antérieures et susceptible de conserver des valeurs collectives ? Lorsque, dans les tribus primitives, l'adolescent est soumis aux cérémonies rituelles de l'initiation et reçoit durant des mois entiers, dans une atmosphère de tension émotive et de respect mystique, les secrets sacrés qui transformeront sa mentalité d'enfant libre et dont la possession permettra de l'agréger au clan des adultes, il est bien clair que le but principal de cette éducation n'est pas le plein épanouissement de la personnalité, mais au contraire la soumission de celle-ci au conformisme social et la conversion intégrale des représentations collectives. Or, on peut se demander si, dans une école traditionnelle, la soumission des élèves à l'autorité morale et intellectuelle du maître, ainsi que l'obligation d'enregistrer la somme des connaissances nécessaires à la réussite des épreuves finales ne constituent pas une situation sociale fonctionnellement assez parente des rites d'initiation et tendant au même but général : imposer aux jeunes générations l'ensemble des vérités communes, c'est-à-dire des représentations collectives qui ont déjà assuré la cohésion des générations antérieures. Proclamer que l'éducation vise au plein épanouissement de la personnalité, c'est donc affirmer que l'école doit différer d'un tel modèle classique et qu'il peut exister une synthèse entre la formation de la personne et son insertion à titre de valeur sociale dans les cadres de la vie collective.

Mais qu'est-ce alors que l'épanouissement de la personnalité ? Et surtout par quelles méthodes l'éducation parviendra-t-elle à l'assurer, puisque ce « plein épanouissement » ne constitue nullement le but de toutes les formes connues d'éducation, mais représente au contraire une exigence opposée aux fins habituelles de l'éducation conformiste et un idéal à concilier avec les fins collectives de l'éducation.

Le texte de notre article 26 ne donne aucune définition de la personnalité. Cependant, il précise que son épanouissement s'accompagne en retour du respect des droits et des libertés propres aux autres personnalités. Précision presque tautologique en apparence, mais qui en réalité est grosse de conséquences : on pourrait en tirer toute une conception de la personnalité, en définissant alors celle-ci comme le terme d'un rapport de réciprocité. En effet, au point de vue psychologique comme à celui de la sociologie, il est essentiel de distinguer l'individu et la personnalité. L'individu, c'est le moi en tant que centré sur lui-même et faisant obstacle, par cet égocentrisme moral ou intellectuel, aux relations de réciprocité inhérentes à toute vie sociale évoluée. La personne, c'est au contraire l'individu acceptant librement une discipline, ou contribuant à sa constitution et se soumettant ainsi volontairement à un système de normes réciproques qui subordonnent sa liberté au respect de chacun. La personnalité est donc une certaine forme de conscience intellectuelle et de conscience morale, aussi éloignée de l'anomie propre à l'égocentrisme que de l'hétéronomie des pressions extérieures, parce qu'elle réalise son autonomie en l'ordonnant à la réciprocité. Plus simplement dit, la personnalité est à la fois contraire à l'anarchie et à la contrainte, parce qu'elle est autonome et que deux autonomies ne peuvent soutenir entre elles que des relations réciproques. Admettons, au total, que « viser au plein épanouissement de la personnalité humaine et au renforcement des droits de l'homme et des libertés fondamentales », c'est former des individus capables d'autonomie intellectuelle et morale et respectant cette autonomie chez autrui en vertu précisément de la règle de réciprocité qui la rend légitime pour eux-mêmes.

Or, le problème pédagogique que pose l'attribution d'une telle fin à l'éducation se ramène à la question centrale soulevée par tout le mouvement de l'école dite « active » : est-il possible de former des personnalités autonomes au moyen de techniques impliquant à des degrés divers une contrainte intellectuelle et morale ? Ou n'y a-t-il pas contradiction dans les termes, et la formation de la personnalité ne suppose-t-elle pas une activité spontanée et libre, en un milieu social fondé sur la collaboration et non pas sur la soumission ? Il convient d'examiner ce problème principal de toute l'éducation. Le sens et la portée de notre article 26 dépend entièrement de sa solution. Le droit à l'éducation, qu'il formule si explicitement, n'est pas seulement le droit à fréquenter des écoles : il est aussi, pour autant que l'éducation vise au plein épanouissement de la personnalité, le droit à trouver dans ces écoles tout ce qui est nécessaire à la construction d'une raison agissante et d'une conscience morale vivante.

A. *Éducation intellectuelle*

Du point de vue de ce plein épanouissement de la personnalité, peut-on dire que les méthodes de l'école traditionnelle réussissent à former chez l'enfant et chez l'adolescent une raison active et autonome ?

L'école traditionnelle offre à l'élève un nombre considérable de connaissances et lui fournit l'occasion de les appliquer à des problèmes ou exercices variés : elle « meuble » ainsi la pensée et la soumet, comme on dit, à une « gymnastique intellectuelle » qui est censée l'affermir et la développer. En cas d'oubli (et chacun sait le peu qui reste des connaissances scolaires, cinq, dix ou vingt ans après la fin des études secondaires), elle a donc la satisfaction d'avoir au moins exercé l'intelligence ; peu importe que l'on ait perdu tout souvenir de la définition du cosinus, des règles de la quatrième conjugaison latine ou des dates de l'histoire militaire : l'essentiel est de les avoir connues. Les partisans de l'école active répondent alors que, s'il reste si peu de chose des connaissances enregistrées sur commande, l'étendue du programme importe moins que la qualité du travail : conquérir soi-même un certain savoir au cours de recherches libres et par un effort spontané conduira à le retenir davantage ; cela permettra surtout à l'élève d'acquérir une méthode qui lui servira toute la vie, et qui élargira sans cesse sa curiosité sans risquer de la tarir ; tout au moins, au lieu de laisser sa mémoire primer son raisonnement ou de soumettre son intelligence à des exercices imposés du dehors, apprendra-t-il à faire fonctionner sa raison par lui-même et construira-t-il librement ses propres notions.

Nous ne croyons pas qu'un tel débat puisse être tranché par une simple discussion, ni que la pédagogie soit affaire d' « opinions autorisées ». L'art de l'éducation est comme l'art médical : un art qui ne peut être pratiqué sans « dons » spéciaux, mais un art supposant des connaissances exactes et expérimentales, relatives aux êtres humains sur lesquels il s'exerce. Ces connaissances ne sont pas anatomiques et physiologiques, comme celles du médecin, mais psychologiques. Elles n'en sont pas moins indispensables, et la solution des questions de l'école active ou de la formation de la raison en dépend précisément de la façon la plus directe. Les recherches psychologiques sur le développement des opérations rationnelles et sur l'acquisition ou la construction des notions fondamentales fournissent, en effet, des données qui paraissent décisives en faveur des méthodes actives et nécessitent même une réforme de l'enseignement intellectuel beaucoup plus radicale que beaucoup de partisans de l'école active ne l'imaginent eux-mêmes.

C'est que, si dépendantes qu'elles soient des mécanismes nerveux dont la maturation permet la mise en œuvre successive (les parties les plus récentes du cerveau humain ne sont prêtes à fonctionner que vers la fin de l'enfance), les opérations logiques ne se constituent et n'acquièrent leurs structures d'ensemble qu'en fonction d'un certain exercice non pas seulement verbal mais surtout et essentiellement lié à l'action sur les objets et à l'expérimentation : une opération est une action proprement dite, mais intériorisée et coordonnée à d'autres actions de même type selon des structures précises de composition. D'autre part, ces opérations ne sont point l'apanage de l'individu seul et supposent nécessairement la collaboration et l'échange entre les individus. Suffira-t-il alors, pour créer une logique chez l'enfant et chez l'adolescent, que l'élève écoute, durant des années, les leçons les meilleures à la manière dont l'adulte écoute un conférencier ? Ou bien une formation réelle des instruments de la raison exige-t-elle une ambiance collective de recherche active et expérimentale ainsi que de discussion en commun ?

On peut prendre, à titre d'exemple représentatif de ce genre de problèmes pédagogiques fondamentaux, l'enseignement des mathématiques élémentaires (dans les écoles du premier et du second degré). C'est, en effet, sur ce point que les maîtres rencontrent le plus de difficultés et que, malgré toutes les qualités de leur enseignement, les méthodes non actives qui leur sont habituellement imposées aboutissent aux difficultés les plus couramment reconnues. C'est un fait notoire que, dans les classes par ailleurs normales, une fraction seulement des élèves assimilent les mathématiques, cette fraction ne comprenant pas nécessairement l'ensemble des mieux doués dans les autres branches. On en vient parfois à considérer la compréhension des mathématiques élémentaires comme le signe d'une aptitude spéciale, de cette « bosse » des mathématiques dont la présence ou l'absence est alors censée expliquer les réussites et les échecs, sans que l'on se demande si ces derniers ne tiendraient pas peut-être à la méthode classique d'enseignement elle-même. Or, les mathématiques ne sont pas autre chose qu'une logique, prolongeant de la façon la plus naturelle la logique courante et constituant la logique de toutes les formes un peu évoluées de la pensée scientifique. Un échec en mathématiques signifierait ainsi une insuffisance dans les mécanismes mêmes du developpement de la raison : avant de porter un jugement aussi grave sur la majorité sans doute des élèves et sur la grande majorité des anciens élèves de nos écoles (car que reste-t-il des mathématiques chez la plupart des adultes non spécialisés en science ?), il est donc de toute nécessité de se demander si la responsabilité n'en incombe pas aux méthodes.

Chose très surprenante, en effet, chacun est persuadé (en vertu d'une tradition dont ne sont les auteurs ni les autorités scolaires, ni les maîtres actuels, mais qui pèse lourdement sur l'enseignement entier) que, pour enseigner correctement les mathématiques, il suffit de les connaître, sans avoir à se soucier de la manière dont les notions se construisent effectivement dans la pensée de l'enfant. Certes, on cherchera à être concret, « intuitif », etc., et même à s'inspirer de l'histoire des mathématiques, comme si le déroulement des découvertes, d'Euclide à nos jours, était conforme aux étapes de la construction psychologique réelle des opérations. Mais on ne s'occupera pas de cette construction psychologique elle-même.

Or, à étudier psychologiquement le développement de l'intelligence mathématique spontanée de l'enfant et de l'adolescent, on peut faire une série de constatations importantes pour l'enseignement. En premier lieu, lorsque les problèmes sont posés sans que l'enfant s'aperçoive qu'il s'agit de mathématiques (par exemple, au cours d'expériences concrètes faisant intervenir des questions de proportions, de règles, de signes sous la forme d'opérations inverses successives, de vitesses absolues ou même relatives, etc.[1]), ils sont résolus par les élèves en fonction de leur intelligence générale et non pas d'aptitudes individuelles spéciales (celles-ci ne sont pas à exclure, mais elles ne jouent pas le rôle prépondérant qu'il semble). Il est en particulier fréquent de trouver des élèves, médiocres dans les leçons de calcul, faisant preuve d'un esprit compréhensif et même inventif lorsque les problèmes sont posés en fonction d'une activité quelconque intéressant le sujet interrogé. Demeurant passifs et souvent même bloqués dans la situation scolaire qui consiste à résoudre des problèmes dans l'abstrait (c'est-à-dire sans lien avec un besoin actuel), demeurant surtout persuadés de leur insuffisance et par conséquent renonçant d'avance et se considérant intérieurement comme vaincus, les élèves réputés inférieurs en mathématiques présentent une tout autre attitude lorsque le problème émane d'une situation concrète et se trouve rattaché à d'autres intérêts : l'enfant réussit alors en fonction de son intelligence personnelle comme s'il s'agissait d'une question d'intelligence quelconque. Il y a là un premier résultat essentiel à relever : tout élève normal est capable d'un bon raisonnement mathématique si l'on fait appel à son activité et si l'on parvient ainsi à lever les inhibitions affectives qui lui donnent trop souvent un sentiment d'infériorité dans les leçons se rapportant à cette branche. Toute la différence est que, dans la plupart des leçons de mathématiques, l'élève est

1. Piaget, *Les Notions de mouvement et de vitesse chez l'enfant*, Paris, Presses universitaires de France.

invité à recevoir du dehors une discipline intellectuelle déjà entièrement organisée, qu'il comprend ou ne comprend pas, tandis que, dans un contexte d'activité autonome, il est appelé à découvrir par lui-même les rapports et les notions, et à les recréer ainsi jusqu'au moment où il sera heureux d'être guidé et informé.

En second lieu, les expériences que nous avons pu faire sur le développement des notions mathématiques et physiques nous ont montré que l'une des causes essentielles de la passivité des enfants en de telles disciplines, par opposition au libre épanouissement de l'activité intellectuelle dont elles devraient être l'occasion, tient à la dissociation insuffisante entre les questions de logique et les considérations numériques ou métriques. En un problème de vitesses, par exemple, l'élève doit simultanément conduire un raisonnement portant sur les espaces parcourus et les durées employées, et effectuer un calcul sur les nombres qui expriment ces quantités. Or, tant que la structure logique du problème n'est pas solidement assurée, les considérations numériques demeurent sans signification et voilent au contraire le système des relations en présence. Mais, comme le problème porte précisément sur ces nombres, l'enfant essaie souvent de toutes sortes de calculs, en appliquant par tâtonnement les diverses opérations connues de lui, ce qui a pour effet de bloquer son raisonnement. Il y a là un nouvel exemple des erreurs que l'on risque de commettre en croyant la logique innée chez l'enfant alors qu'elle se construit pas à pas en fonction de ses activités. Lorsque, par contre, on dissocie les deux sortes de facteurs, on avance plus sûrement, tout en atteignant le vrai but de l'enseignement mathématique : l'épanouissement des capacités déductives. Il est facile, par exemple, de présenter aux enfants de 10 à 12 ans des problèmes même compliqués de vitesses (composition des vitesses de deux mobiles dont l'un se déplace sur un autre ou par rapport à un autre, accélération sur un plan incliné, etc.) sans données numériques et en faisant porter le raisonnement sur les relations simplement logiques (sur le plus et le moins et non pas sur le combien : c'est-à-dire à la manière dont Aristote encore raisonnait sur la vitesse !). Libéré du souci de calculer, l'enfant se plaît alors à construire activement tous les rapports logiques en jeu et aboutit ainsi à l'élaboration de mécanismes opératoires souples et précis, souvent même subtils : ces mécanismes montés, il devient possible d'introduire les données numériques et elles prennent une tout autre signification qu'en les présentant d'emblée. On perd de la sorte beaucoup de temps en apparence : en fin de compte, on en gagne et surtout on aboutit à un enrichissement de l'activité personnelle.

En troisième lieu, l'étude psychologique des notions logiques et mathématiques de l'enfant a montré qu'il existait un développement réel et spontané de ces notions, en partie indépendant non pas des échanges avec le milieu social (stimulant nécessaire de toute pensée), mais des connaissances proprement dites acquises en famille ou à l'école. C'est ainsi, pour prendre des exemples élémentaires, que, jusqu'à un certain âge, l'enfant considère un objet changeant de forme (par exemple, une boulette de pâte à modeler) comme changeant aussi de quantité de matière, de poids ou de volume : or, c'est par un travail autonome de coordination logique qu'il en arrive, en partant de ces états initiaux généralement insoupçonnés, à considérer comme nécessaires la conservation de la quantité (vers 7-8 ans), du poids (vers 9-10 ans) et du volume physique (vers 11-12 ans). C'est également sans que l'entourage se doute de ces transformations logiques et mathématiques de l'esprit de l'enfant, que celui-ci construit par ses propres moyens ses notions géométriques élémentaires[1] (conservation des distances, des parallèles, des angles, perspective, construction des systèmes de référence en fonction des orientations physiques, proportions, etc.). Or, cette élaboration intellectuelle spontanée, non seulement est beaucoup plus riche qu'on ne croit, mais encore met en évidence une loi d'évolution très nette : toutes les notions mathématiques commencent par une construction qualitative avant d'acquérir un caractère métrique. Dans le domaine de l'espace, en particulier, la représentation de l'enfant est, au début, moins influencée qu'on ne pourrait le penser par les rapports métriques en jeu dans la perception : elle part au contraire de ces sortes de relations que les mathématiciens appellent « topologiques » bien avant de se placer au point de vue de la géométrie d'Euclide (ce qui est d'ailleurs d'un grand intérêt au point de vue des mathématiques modernes). Il y a donc à réaliser tout un ajustement des méthodes didactiques

1. Voir Piaget et Inhelder, *La Représentation de l'espace chez l'enfant*, et Piaget, Inhelder et Szeminska, *La Géométrie spontanée de l'enfant*, Paris, Presses universitaires de France.

aux données psychologiques du développement réel, et on peut espérer de ce point de vue un renforcement considérable des appels à l'activité autonome de l'enfant.

En quatrième lieu — et ceci résume tout ce qui précède —, on enseigne les mathématiques comme s'il s'agissait exclusivement de vérités accessibles au moyen d'un langage abstrait et même de ce langage spécial qu'est celui des symboles opératoires : or, les mathématiques sont d'abord et avant tout des actions exercées sur les choses, et les opérations elles-mêmes sont encore toujours des actions, mais bien coordonnées entre elles et simplement imaginées au lieu d'être exécutées matériellement. Sans doute est-il indispensable d'en arriver à l'abstraction, et cela est même tout naturel en tous les domaines au cours du développement mental de l'adolescence. Mais l'abstraction n'est qu'une sorte de tromperie et de déviation de l'esprit si elle ne constitue pas le couronnement d'une suite ininterrompue d'actions concrètes antérieures. La vraie cause des échecs de l'éducation formelle tient donc essentiellement au fait que l'on débute par le langage (accompagné de dessins, d'actions fictives ou racontées, etc.) au lieu de débuter par l'action réelle et matérielle. C'est dès l'école maternelle que doit être préparé l'enseignement mathématique par une série de manipulations portant sur les ensembles logiques et numériques, les longueurs et les surfaces, etc., et ce genre d'activités concrètes devrait être développé et enrichi sans cesse, de façon très systématique, au cours de tout l'enseignement du premier degré pour se muer peu à peu, aux débuts du second degré, en expériences de physique et de mécanique élémentaires. En un tel cas, l'enseignement proprement mathématique se trouverait situé en son milieu naturel d'adéquation aux objets et donnerait lieu à un tout autre essor de l'intelligence qu'en demeurant verbal ou graphique.

> Pour prendre un seul exemple, chacun sait la difficulté qu'éprouvent les élèves du second degré (et encore bien des étudiants d'université !) à comprendre la règle d'algèbre dite des signes : « Moins par moins donne plus. » Or, cette règle des signes est découverte dans l'action par des enfants de 7 à 8 ans déjà, sous des formes qualitatives variées. Lorsqu'une mince tige de fer traversant trois perles ABC est retournée derrière un petit écran (les mouvements de la tige étant visibles, mais pas ceux des perles), l'enfant comprend que l'ordre ABC se change en CBA : il comprend alors aussitôt que deux retournements ramènent l'ordre ABC, que trois rotations aboutissent à CBA, etc. Il découvre ainsi, sans la connaître, la règle de composition voulant que deux inversions de sens s'annulent, autrement dit que « moins par moins donne plus ». Mais, lorsqu'il aura 15 ou 16 ans, si les opérations algébriques dont il apprendra l'existence ne lui apparaissent pas comme le prolongement d'actions de ce genre, il n'y comprendra plus rien !

Nous avons insisté un peu longuement sur cet exemple des mathématiques, parce qu'il n'existe pas de domaine où le « plein épanouissement de la personnalité », et la conquête des instruments logiques ou rationnels qui assurent son autonomie intellectuelle soient plus réalisables, alors qu'ils sont sans cesse entravés dans la pratique de l'enseignement traditionnel. C'est qu'il n'est rien de plus difficile, pour l'adulte, que de savoir faire appel à l'activité réelle et spontanée de l'enfant ou de l'adolescent : or, seule cette activité, orientée et sans cesse stimulée par le maître, mais demeurant libre dans ses essais, ses tâtonnements et même ses erreurs, peut conduire à l'autonomie intellectuelle. Ce n'est pas de connaître le théorème de Pythagore qui assurera le libre exercice de la raison personnelle : c'est d'avoir redécouvert son existence et sa démonstration. Le but de l'éducation intellectuelle n'est pas de savoir répéter ou conserver des vérités toutes faites, car une vérité qu'on reproduit n'est qu'une demi-vérité : c'est d'apprendre à conquérir par soi-même le vrai, au risque d'y mettre le temps et de passer par tous les détours que suppose une activité réelle.

Et si cela doit être rappelé à propos de la méthodologie des mathématiques, à combien plus forte raison est-il indiqué de faire appel à l'activité dans les enseignements de langue, de géographie et d'histoire, de sciences naturelles, etc., c'est-à-dire en autant de domaines où la connaissance du fait ne vaut qu'en fonction des procédés de découverte qui ont permis de l'établir.

Mais le plein épanouissement de la personnalité, sous ses aspects les plus intellectuels, est indissociable de l'ensemble des rapports affectifs, sociaux et moraux qui constituent la vie de l'école (nous avons rappelé plus haut cette sorte d'inhibition affective qui bloque si fréquemment le raisonnement des élèves à la suite d'insuccès en mathématiques). A première vue, l'essor de la personnalité semble même dépendre surtout des facteurs affectifs, et le lecteur aura peut-être été surpris que, pour illustrer cette notion d'un libre développement de la personne, nous ayons commencé par la logique et les mathématiques ! En réalité l'éducation forme un tout indissociable, et il n'est pas possible de former des personnalités autonomes dans le domaine moral si par ailleurs l'individu est soumis à une contrainte intellectuelle telle qu'il doive se borner à apprendre sur commande sans découvrir par lui-même la vérité : s'il est passif intellectuellement, il ne saurait être libre moralement. Mais réciproquement, si sa morale consiste exclusivement en une soumission à l'autorité adulte, et si les seuls rapports sociaux constituant la vie de la classe sont ceux qui relient chaque élève individuellement à un maître détenant tous les pouvoirs, il ne saurait pas non plus être actif intellectuellement.

Aussi bien, les méthodes dites « actives », qui sont seules aptes à épanouir la personnalité intellectuelle, supposent-elles nécessairement l'intervention d'un milieu collectif à la fois formateur de personnalité morale et source d'échanges intellectuels organisés. Il ne saurait se constituer, en effet, d'activité intellectuelle véritable, sous forme d'actions expérimentales et de recherches spontanées, sans une libre collaboration des individus, c'est-à-dire en l'espèce des élèves eux-mêmes entre eux et non pas seulement du maître et de l'élève. L'activité de l'intelligence suppose non seulement de continuelles stimulations réciproques, mais encore et surtout le contrôle mutuel et l'exercice de l'esprit critique, qui seuls conduisent l'individu à l'objectivité et au besoin de démonstration. Les opérations de la logique sont, en fait, toujours des coopérations et impliquent un ensemble de rapports de réciprocité intellectuelle et de coopération à la fois morale et rationnelle. Or, l'école traditionnelle ne connaît d'autre rapport social que celui reliant un maître, sorte de souverain absolu détenant la vérité intellectuelle et morale, à chaque élève pris individuellement : la collaboration entre élèves et même la communication directe entre eux sont ainsi exclues du travail de la classe et des devoirs à domicile (à cause des « notes » à donner et de l'atmosphère d'examen...). L'école active suppose au contraire une communauté de travail, avec alternance du travail individuel et du travail en groupes parce que la vie collective s'est révélée indispensable à l'épanouissement de la personnalité, sous ses aspects même les plus intellectuels. Toute une technique du « travail par équipes[1] » a ainsi été élaborée en de nombreux pays et sous des noms divers. Voici un seul petit exemple : en visitant jadis avec Decroly l'une de ses écoles, nous avons trouvé par hasard, dans une chambre retirée, un groupe de quelques lycéens étudiant ensemble (et seuls) un problème de géométrie analytique : en les écoutant discuter, je n'ai pu m'empêcher de me rappeler que les quelques notions apprises par moi au même âge, en cette branche qui m'épouvantait alors, étaient dues non aux explications d'un camarade, mais à des explications en marge de la vie scolaire et pour ainsi dire irrégulières, tandis que, dans le groupe que j'avais sous les yeux, le travail en commun était la méthode normale et courante !

1. V. *Le Travail par équipes à l'école*, Bureau international d'Éducation.

B. *Éducation morale*

Le problème de l'éducation morale est exactement parallèle à ceux que nous venons de discuter à propos de logique ou d'enseignement mathématique. Veut-on former des individus soumis à la contrainte des traditions et des générations antérieures ? En ce cas suffisent l'autorité du maître et, éventuellement, les « leçons » de morale, avec le système des encouragements et des sanctions punitives renforçant cette morale d'obéissance. Veut-on, au contraire, former simultanément des consciences libres et des individus respectueux des droits et des libertés d'autrui ? Il est alors évident que ni l'autorité du maître ni les meilleures leçons qu'il donnera sur le sujet ne suffiront à engendrer ces relations vivantes faites tout à la fois d'autonomie et de réciprocité. Seule une vie sociale entre les élèves eux-mêmes, c'est-à-dire un self-government poussé aussi loin qu'il est possible et constituant le parallèle du travail intellectuel en commun conduira à ce double développement de personnalités maîtresses d'elles-mêmes et de leur respect mutuel.

De multiples expériences pédagogiques ont permis d'établir les résultats du self-government[1] lorsqu'il ne constitue pas une méthode artificiellement imposée, et par conséquent contradictoire, mais qu'il correspond à l'esprit de l'école entière. D'autre part, un certain nombre

1. V. *Le Self-government à l'école*, Bureau international d'Éducation.

de recherches psychologiques ont conduit à préciser l'influence respective des diverses relations d'autorité et de réciprocité entre adultes et enfants ou entre enfants eux-mêmes. Déjà poussées avant la dernière guerre, ces expériences pédagogiques et psychologiques ont trouvé, dans les circonstances tragiques d'où sont sortis les nombreux « villages d'enfants » de l'après-guerre, un renouveau véritablement réconfortant : c'est peut-être même de ces petites sociétés formées d'enfants réunis par leurs communs malheurs que nous viennent aujourd'hui les plus solides raisons d'espérer en un avenir meilleur de l'humanité, tant s'y montre évidente la possibilité d'un renouvellement de l'être en une atmosphère sociale faite d'affection et de liberté (c'est-à-dire non pas d'obéissance mais de responsabilité librement assumée).

Nous avons admis tout à l'heure que les deux aspects corrélatifs de la personnalité étaient l'autonomie et la réciprocité. En opposition avec l'individu non encore parvenu à l'état de personnalité, et dont les caractéristiques sont d'ignorer toute règle et de centrer sur lui-même les relations qui l'unissent à son entourage physique et social, la personne est l'individu qui situe son moi dans sa vraie perspective par rapport à celui des autres, c'est-à-dire qui l'insère en un système de réciprocités impliquant simultanément une discipline autonome et une décentration fondamentale de l'activité propre. Les deux problèmes essentiels de l'éducation morale sont donc d'assurer cette décentration et de constituer cette discipline. Mais quels sont les moyens dont dispose l'éducateur pour atteindre ce double but, moyens fournis soit par la nature psychologique de l'enfant, soit par les relations qui s'établiront entre celui-ci et les divers membres de son entourage ?

Trois sortes de sentiments ou de tendances affectives susceptibles d'intéresser la vie morale sont d'abord donnés dans la constitution mentale de l'enfant. En premier lieu, un besoin d'aimer, qui jouera un rôle essentiel en se développant sous ses multiples formes, du berceau à l'adolescence. Un sentiment de crainte, d'autre part, à l'égard des plus grands et des plus forts que lui, tendance qui joue un rôle non négligeable dans les conduites d'obéissance et de conformisme utilisées à des degrés divers par plusieurs systèmes d'éducation morale. Un sentiment mixte, en troisième lieu, composé simultanément d'affection et de crainte : c'est le sentiment du respect, dont tous les moralistes ont souligné l'importance exceptionnelle dans la formation ou l'exercice de la conscience morale. Pour certains, le respect constitue un état affectif dérivé et unique en son genre : il n'aurait pas pour objet les autres individus, comme l'amour ou la crainte, mais s'attacherait directement aux valeurs ou à la loi morales, incarnées en ces individus ; respecter une personne reviendrait ainsi à respecter la loi morale en lui (Kant), ou la discipline qu'il représente et applique (Durkheim). Selon d'autres auteurs, auxquels nous nous rattacherons, le respect, tout en étant susceptible de prendre secondairement les formes supérieures, est d'abord, comme les deux autres, un sentiment d'individu à individu, et débute avec le mélange d'affection et de crainte que le petit enfant éprouve pour ses parents et pour l'adulte en général (avant que les conflits et les désillusions ne nuancent ces attitudes primitives).

Quant aux rapports entre l'enfant et les personnes diverses de son entourage, ils jouent alors un rôle fondamental dans la formation des sentiments moraux, selon que l'accent sera mis sur l'une des trois variétés de tendances affectives distinguées à l'instant. Il est, en effet, essentiel de comprendre que, si l'enfant porte en lui tous les éléments nécessaires à l'élaboration d'une conscience morale ou « raison pratique », comme d'une conscience intellectuelle ou raison tout court, ni l'une ni l'autre ne sont données toutes faites au point de départ de l'évolution mentale et l'une et l'autre s'élaborent en étroite connexion avec le milieu social : les relations de l'enfant avec les individus dont il dépend seront donc à proprement parler formatrices, et ne se borneront pas, comme on le croit généralement, à exercer des influences plus ou moins profondes, mais en quelque sorte accidentelles par rapport à la construction même des réalités morales élémentaires.

Un premier type de rapports est celui qui engendre le sentiment de l'obligation comme telle, et, avec lui, les premiers devoirs acceptés et sentis comme obligatoires par le petit enfant. D'où provient, en effet, ce phénomène si frappant et, à la réflexion, si surprenant, qu'à peine en possession des premiers mots de sa langue maternelle, et à un âge où tout est spontanéité et jeu, le bébé accepte des ordres et se considère comme obligé par eux (soit qu'il les exécute, soit que, les enfreignant, il se sente fautif ou gêné vis-à-vis de l'adulte) ? C'est que, comme on l'a montré[1], il suffit que soient remplies simultanément deux conditions pour qu'apparaisse le sentiment du devoir. La première est bien que l'enfant reçoive d'autrui des ordres, ou des consignes (ne pas sortir seul dans la rue, ne pas dire des mensonges, etc.). Mais pourquoi donc accepte-t-il de telles règles au lieu de les ignorer (comme il sait faire si habilement lorsqu'on lui raconte des histoires qui l'ennuient) ? Cette acceptation n'est pas simplement le produit de la volonté du plus fort : la crainte à elle seule n'oblige pas, mais donne lieu à une obéissance tout extérieure, et d'ailleurs simplement intéressée (obéir pour ne pas être puni, etc.) ; il reste ainsi à expliquer le fait qu'il y a acceptation intérieure, et, par conséquent, sentiment d'obligation. C'est ici qu'intervient la seconde condition et qu'elle rejoint l'une des trois données énumérées plus haut à propos des tendances spontanées de l'enfant : la consigne n'est acceptée, et n'engendre dès lors un sentiment d'obligation, que si elle émane d'une personne respectée, c'est-à-dire qui soit l'objet d'une affection et d'une crainte simultanées et non pas seulement de l'un de ces deux états affectifs. C'est ainsi que le petit enfant ne se sentira pas obligé de l'ordre d'un frère, qu'il aime cependant, ou d'un étranger qu'il craint seulement, tandis que les consignes de la mère ou du père l'obligent,

1. P. Bovet, *Les Conditions de l'obligation de conscience* (Année psychologique, 1912).

cette obligation continuant d'être sentie même s'il désobéit. Ce premier type de rapports, le plus précoce assurément dans la formation des sentiments moraux, est par ailleurs susceptible de rester à l'œuvre durant toute l'enfance, et de l'emporter sur tous les autres, selon le type d'éducation morale adopté.

Mais si l'on aperçoit d'emblée l'importance de cette première forme de relations morales, on en voit aussi les insuffisances du point de vue qui nous occupe ici : source d'obéissance et de soumission, ce respect du petit pour l'adulte demeure essentiellement unilatéral, car, si l'adulte respecte l'enfant, ce n'est pas dans le même sens (l'adulte ne se sentirait pas obligé à son tour par des ordres et des consignes, qu'il ne reçoit d'ailleurs pas et n'accepterait en aucune façon). En tant qu'unilatéral, ce mode initial de respect est donc avant tout facteur d'hétéronomie. Sans doute, en grandissant, l'enfant découvre que l'adulte se soumet lui-même — ou du moins cherche à se soumettre sans y parvenir toujours en fait — aux consignes qu'il donne : la loi est ainsi tôt ou tard sentie comme supérieure aux êtres respectés. D'autre part, l'enfant fait un jour l'expérience de la multiplicité des consignes, parfois contraires, qu'il reçoit et se trouve donc conduit à effectuer des choix et à établir des hiérarchies. Mais, sans une source de moralité extérieure au seul respect unilatéral, celui-ci demeurera ce qu'il est au départ : un instrument de soumission à des règles toutes faites, et à des règles dont l'origine reste extérieure au sujet qui les accepte.

A l'autre extrême des relations interindividuelles formatrices de valeurs morales se trouve le respect mutuel[1]. Se constituant entre individus égaux, ou abstraction faite de toute autorité, le respect mutuel est encore un composé d'affection et de crainte, mais il ne retient de celle-ci que la crainte de déchoir aux yeux du partenaire. Il substitue ainsi à l'hétéronomie caractéristique du respect unilatéral une autonomie nécessaire à son propre fonctionnement et reconnaissable au fait que les individus obligés par lui participent à l'élaboration de la règle qui les oblige. Le respect mutuel est donc, lui aussi, source d'obligations, mais il engendre un type nouveau d'obligations qui n'impose plus, à proprement parler, de règles toutes faites mais la méthode même permettant de les élaborer. Or, cette méthode n'est autre que la réciprocité, entendue non pas comme un exact règlement de compte du mal comme du bien, mais comme la mutuelle coordination des points de vue et des actions.

Or, quels sont les effets de ces deux forces, unilatérale et mutuelle, du respect, du double point de vue de cette décentration du moi et de cette constitution d'une discipline autonome que nous avons reconnues nécessaires à l'éducation de la personnalité morale ? On les aperçoit sans peine, en parallélisme exact avec ce que nous avons constaté plus haut de l'éducation de la personnalité intellectuelle. En effet, l'éducation fondée sur l'autorité et sur le seul respect unilatéral présente les mêmes inconvénients au point de vue moral qu'au point de vue de la raison : au lieu de conduire l'individu à élaborer les règles et

1. V. Piaget, *Le Jugement moral chez l'enfant*, Alcan.

la discipline qui l'obligeront, ou à collaborer à cette contradiction, elle lui impose un système d'impératifs tout faits et immédiatement catégoriques. Or, de même qu'il existe une sorte de contradiction à adhérer à une vérité intellectuelle du dehors, c'est-à-dire sans l'avoir redécouverte et revérifiée, de même on peut se demander s'il ne subsiste pas quelque inconséquence morale à reconnaître un devoir sans y être parvenu par une méthode autonome.

En fait, on a réuni sur un tel sujet de nombreuses données psychologiques, en utilisant des méthodes très différentes : études sur le comportement des enfants, d'abord soumis à des méthodes autoritaires, ou au contraire placés en des communautés de self-government, puis changés de milieu et devant s'adapter à de nouvelles conditions [1] ; recherches sur le développement du jugement moral chez l'enfant ; analyse des conflits affectifs entre enfants et parents, ou du rôle du « surmoi », c'est-à-dire de la persistance inconsciente de l'autorité parentale, etc. Or, les résultats de ces diverses investigations se sont trouvés convergents : la discipline subie du dehors ou bien étouffe toute personnalité morale, ou bien en contrecarre plus qu'elle n'en favorise la formation ; elle produit une sorte de compromis entre la couche extérieure des devoirs ou des conduites conformistes et un « moi » toujours centré sur lui-même parce qu'aucune activité libre et constructive ne lui a permis de faire l'expérience d'une réciprocité avec autrui. En d'autres termes, de même que l'écolier peut

1. V. les travaux de l'école de Lewin (Lippit, etc.).

réciter sa leçon sans la comprendre, et substituer le verbalisme à l'activité rationnelle, de même l'enfant obéissant est parfois un esprit soumis à un conformisme extérieur, mais qui ne saisit « en fait » ni la portée réelle des règles auxquelles il obéit, ni la possibilité de les adapter ou d'en construire de nouvelles en des circonstances différentes. Nous avons été frappés, entre autres, en étudiant jadis la manière dont les enfants de différents âges concevaient le mensonge et évaluaient moralement divers types de mensonge soumis à leur jugement, combien les réactions des petits ressemblaient, mais en termes moraux, à certaines de leurs incompréhensions de nature intellectuelle. C'est ainsi que, pour l'enfant de moins de 7-8 ans, il est bien plus « vilain » de mentir à une grande personne qu'à un camarade (parce que l'interdiction émane des adultes), et que la gravité d'un mensonge se mesure à la fausseté objective, ou matérielle, de l'affirmation et non pas à l'intention de mentir : dire, par exagération, qu'on a vu un chien aussi grand qu'un veau est un « plus gros mensonge » que de s'être attribué faussement une bonne note scolaire, parce que cette dernière affirmation, contrairement à la première, aurait pu être vraie (et que précisément « les parents l'auraient crue » !). La règle de véracité, acceptée comme obligatoire avant d'être comprise, c'est-à-dire avant d'être vécue au cours d'une expérience sociale réelle et réciproque, engendre ainsi une sorte de « réification morale » (rappelant la « responsabilité objective » des formes primitives de légalisme juridique), tandis qu'une fois repensée grâce à la vie sociale et à l'expérience de la réciprocité, l'enfant devient capable d'évaluations d'une grande finesse à son sujet.

La portée éducative du respect mutuel et des méthodes fondées sur l'organisation sociale spontanée des enfants entre eux est précisément de permettre à ceux-ci d'élaborer une discipline dont la nécessité est découverte dans l'action même au lieu d'être reçue toute faite avant de pouvoir être comprise; et c'est en quoi les méthodes actives rendent le même service irremplaçable en éducation morale que dans l'éducation de l'intelligence : celui d'amener l'enfant à construire lui-même les instruments qui le transformeront du dedans, c'est-à-dire réellement et non plus en surface seulement.

La meilleure preuve qu'il ne s'agit pas là de simple déduction ou de psychologie théorique, c'est l'expérience pédagogique toujours plus riche du self-government. Avant la guerre déjà des essais ont été faits en nombre suffisant pour permettre quelques constatations précieuses. Mais il faut reconnaître que la plupart des tentatives d'alors avaient été inspirées par les idées de pédagogues éminents plus que par les nécessités de la vie, ce qui, aux yeux du public, leur conservait une apparence de théorie, ou du moins d'exception et d'exception liée à des circonstances scolaires spécialement favorables (par exemple, les internats d'institutions privées, sans difficultés financières ni obligations précises de programmes).

Nous avons cependant visité, entre 1930 et 1935, une institution qui ne répondait en rien à ces caractéristiques et nous a laissé une grande impression : il s'agissait d'un établissement pour jeunes délinquants, situé dans un pays de l'est de l'Europe, et dont l'homme admirable qui le dirigeait avait eu l'audace de faire confiance aux enfants et adolescents dont il avait la charge jusqu'à mettre en leurs mains la discipline de la maison et à confier aux éléments les plus difficiles les responsabilités les plus précises. Deux aspects de cette expérience nous ont particulièrement frappé : la rééducation des nouveaux venus par le groupe social des jeunes gens eux-mêmes et l'organisation du tribunal intérieur de l'établissement, tribunal dont le fonctionnement était entièrement assuré par la communauté des pensionnaires. Sur le premier point, on se représente facilement l'impression que devait faire, sur les nouveaux arrivants, un régime d'autonomie tel que les règles de la maison étaient imposées par le groupe des camarades eux-mêmes et non pas par les adultes : là où l'enfant et l'adolescent pris en faute, puis frappés par la condamnation d'une chambre pénale de mineurs, s'attendaient à un régime de sévérité exceptionnelle et de sanctions continues, ils se trouvaient en présence de jeunes gens en voie de guérison ou de régénération (après avoir passé par les mêmes condamnations), formant entre eux un groupe social organisé et les accueillant immédiatement en leur confiant un poste de travail, des obligations et des responsabilités. Ce n'est pas à dire que, ainsi mis en relation avec des égaux et non pas des geôliers, l'individu en était transformé en un instant et que ses écarts ne se reproduisaient pas. Mais c'est ici précisément qu'intervenait la plus belle invention de cet éducateur de génie qui dirigeait l'établissement : les fautes de l'un des pensionnaires, une fois incorporé dans la communauté, étaient jugées par un tribunal formé exclusivement de camarades et nommés par eux seuls. Or, les délibérations et les arrêts de cette étonnante cour de justice étaient consignés en un journal dont nous avons pu prendre connaissance (avec le secours d'une de nos assistantes). Rien de plus passionnant pour le psychologue que ce document, sans doute détruit depuis durant l'une des batailles de Varsovie : l'humanité, la compréhension, la finesse d'évaluation de ces juges adolescents, eux-mêmes anciens délinquants, avaient quelque chose d'émouvant et de réconfortant.

Notons à ce propos que l'un des aspects les plus délicats de l'éducation morale, et celui où existe précisément le plus grand écart entre les méthodes d'autonomie ou de réciprocité, formatrices de la personnalité, et les méthodes d'autorité, est précisément relatif au problème des sanctions. Il est des punitions dégradantes pour celui qui les administre, et dont le principe même est senti par l'enfant comme foncièrement injuste avant qu'il ne s'habitue à confondre les usages et les états de fait avec les règles moralement valables. Il est au contraire une manière de faire confiance au lieu de punir, en recourant à la réciprocité plus qu'à l'autorité, qui favorise, plus que toute contrainte ou que toute discipline extérieure, le développement de la personnalité morale.

Or, cette expérience assurément exceptionnelle que nous avons eu le privilège de connaître entre les deux guerres a été répétée depuis sur une large échelle avec des enfants abandonnés, des orphelins victimes de la guerre et des enfants chez lesquels les circonstances effrayantes qu'ils ont vécues ont fait disparaître toute apparence d'une distinction entre le bien et le mal. Et cette expérience a été refaite dans les milieux de tendances pédagogiques les plus diverses, qu'il s'agisse d'éducateurs soviétiques ou de prêtres italiens, de « partisans » appartenant à un clan ou à un autre, etc. : les résultats en sont partout les mêmes, parce que les lois sociologiques des sociétés d'enfants et les lois psychologiques du développement de la personnalité sont relativement constantes (en opposition à la variété des rapports qui différencient le développement de l'enfant en fonction des divers milieux adultes).

Au total, qu'il s'agisse d'une éducation de la raison et des fonctions intellectuelles, ou d'une éducation de la conscience morale, si le « droit à l'éducation » implique que celle-ci vise « au plein épanouissement de la personnalité humaine et au renforcement du respect des droits de l'homme et des libertés fondamentales », il importe de comprendre qu'un tel idéal ne saurait être atteint par n'importe laquelle des méthodes courantes : ni l'autonomie de la personne, que suppose ce plein épanouissement, ni la réciprocité qu'évoque ce respect des droits et des libertés d'autrui ne peuvent se développer dans une atmosphère d'autorité et de contrainte intellectuelles et morales ; toutes deux réclament impérieusement, au contraire, pour leur formation même, l'expérience vécue et la liberté de recherche, en dehors desquelles l'acquisition de toute valeur humaine ne demeure qu'illusion.

V

« L'ÉDUCATION DOIT FAVORISER LA COMPRÉHENSION, LA TOLÉRANCE ET L'AMITIÉ ENTRE TOUTES LES NATIONS ET TOUS LES GROUPES RACIAUX OU RELIGIEUX AINSI QUE LE DÉVELOPPEMENT DES ACTIVITÉS DES NATIONS UNIES POUR LE MAINTIEN DE LA PAIX »

Le problème de l'éducation internationale, soulevé par le passage que nous venons de rappeler, est l'un des plus délicats qui puissent se poser aux éducateurs : contrairement aux cas de la formation intellectuelle et morale, au sujet desquels on peut considérer que le niveau atteint par l'adulte est supérieur à celui de l'enfant et peut donc servir d'exemple à présenter aux élèves, on ne saurait regarder la situation internationale actuelle comme un modèle de perfection. La recherche d'une technique adéquate, en éducation internationale, doit donc tout au moins partir d'une réflexion sur les difficultés, qui caractérisent l'esprit humain en général, à dominer le problème des relations entre groupes sociaux, et singulièrement la question des rapports internationaux.

De telles difficultés n'empêchent pas un certain nombre d'esprits d'imaginer qu'un enseignement particulier, donné dans toutes les écoles et portant sur les institutions internationales actuelles et leurs efforts pour le maintien de la paix, serait de nature à renforcer l'esprit de compréhension entre les peuples et à servir efficacement la cause de cette paix. Il n'y aurait pas d'objections à s'adresser à de telles tentatives (car tout doit être mis en œuvre en faveur d'un tel but, même au risque d'employer des procédés inefficaces ou trop peu dégagés des méthodes en partie verbales de la pédagogie traditionnelle), s'il n'existait aucun danger de les voir parfois aboutir au résultat contraire. Rien ne serait plus fâcheux, en effet, que de laisser aux élèves l'impression d'une trop grande distance entre l'état de fait et l'idéal poursuivi, sans qu'ils soient en état de comprendre les vraies raisons de cet écart. Or, qui les comprend réellement ?

D'ailleurs, nous n'entendons nullement dire par là que tout enseignement verbal soit inutile, dans le domaine de l'enseignement international comme dans les autres : mais il ne saurait être utile que préparé par une activité préalable et donné en fonction d'une attitude générale, en l'occurrence de nature morale et sociale. Si, comme on l'a dit, une leçon doit être une réponse, il est en effet de toute nécessité, sur le terrain de l'éducation internationale encore plus que sur les autres, que cette réponse ait été précédée par des questions spontanées, en fonction précisément de cette activité et de ces attitudes.

Une comparaison fera comprendre la chose. Quelle est la meilleure méthode pour faire d'un écolier un futur bon citoyen (de son pays, sans encore parler du monde) ? Est-ce de lui donner simplement, durant un certain nombre d'heures par an, un cours systématique d' « instruction civique » en lui décrivant pièce par pièce les différents rouages d'institutions nationales qui le laissent encore relativement indifférent, malgré l'éloquence ou la bonne volonté du maître ? Ou est-ce de greffer un tel enseignement sur des expériences de self-government à l'école, telles que l'enfant sachant par expérience ce qu'est un comité exécutif, une assemblée délibératrice et un tribunal en arrive à s'intéresser à des institutions analogues à une échelle qu'il n'imaginerait en rien sans de telles analogies ? Nous prétendons même que, s'il fallait sacrifier l'enseignement de « l'instruction civique » à la pratique du self-government, celle-ci produirait de meilleurs citoyens que les leçons les plus parfaites, et que si ces leçons sont données sans expérience sociale à l'appui, leur résultat pratique risque d'être peu considérable (nous nous permettons de parler ici non pas en professeur, mais en ancien écolier dont les souvenirs sont suffisamment précis sur ce point particulier).

Cela dit, en quoi le problème de l'éducation internationale diffère-t-il des questions d'éducation morale ou même intellectuelle examinées tout à l'heure ? Les problèmes sont à peu près semblables, à une différence d'échelle près, mais cette différence d'échelle est d'une importance telle que même les adultes ne sont point parvenus à résoudre pratiquement la question des relations entre les peuples, c'est-à-dire à s'éduquer internationalement les uns les autres. Les problèmes sont, en effet, comparables, parce que, qu'il s'agisse d'intelligence, de formation morale ou de formation internationale, la question est chaque fois de décentrer l'individu et de lui faire abandonner ses attitudes subjectives ou égocentriques spontanées pour l'amener par le fait même à la réciprocité et (ce qui est pratiquement synonyme) à l'objectivité. Seulement, s'il est relativement facile de coordonner entre eux les points de vue des individus dans une question de pure intelligence (par exemple, de mettre en relation les perspectives d'observateurs distincts), s'il est encore relativement aisé de les coordonner à l'occasion d'un conflit moral, la réciprocité et l'objectivité semblent être d'une difficulté insurmontable sur le plan des sentiments nationaux et de la vie internationale.

Deux remarques préalables sont à faire à ce propos. La première est que la réalité sociale en général, et singulièrement la réalité internationale actuelle sont parmi les choses que nous comprenons le moins. Il nous est plus facile de parler des mouvements des astres et des phénomènes physiques et chimiques que des faits sociaux et internationaux qui s'imposent sans cesse à notre attention. En effet, la réalité sociale contemporaine constitue quelque chose d'assez nouveau si on la compare au passé de l'humanité : tous les faits importants se produisant dans chacune de nos sociétés nationales prennent immédiatement un caractère universel et retentissent sur le monde entier. Les phénomènes collectifs ont changé d'échelle et le plan sur lequel ils se produisent est celui d'une interdépendance complète : malgré les tentatives artificielles d'autarcie économique et spirituelle, il n'existe plus en fait d'économie nationale pas plus que de politique intérieure isolable, ni même de réactions intellectuelles et morales limitées à un seul groupe. Or, si banale que soit cette constatation, elle correspond néanmoins à un état de choses qu'en vérité nous ne réussissons pas à assimiler et auquel nous ne sommes pas encore accoutumés. Sans doute, apercevons-nous facilement ses causes, qui tiennent aux transformations techniques et économiques des débuts de ce siècle. Mais il a fallu deux guerres pour nous faire prendre conscience de cette interdépendance des nations, comme elles nous ont révélé du même coup la difficulté de rétablir l'unité ou l'équilibre une fois perdus et l'étroite parenté des conflits surgissant entre les peuples et des conflits intérieurs de ces peuples eux-mêmes.

Nous ne sommes pas adaptés psychologiquement à notre état social, tel est le fait fondamental dont il convient de partir pour construire une éducation internationale. Et « nous », ce n'est pas seulement la masse des hommes, perdue devant cet univers de relations complexes et solidaires. Ce sont même les hommes d'État. Comme Valéry l'a si bien montré dans ses *Regards sur le monde actuel*, l'homme d'État contemporain joue à peu près aux dés en politique internationale. Quelle que soit la continuité de sa ligne de conduite, lorsqu'il est en possession d'un plan d'ensemble et d'une politique dépassant les questions de sécurité immédiate posées à son pays, il en est conduit à tâtonner et souvent à se contredire dans le détail de ses actions, tant leurs répercussions sont imprévisibles.

Nous ne comprenons ni moralement ni intellectuellement le monde actuel. Nous n'avons pas encore trouvé l'instrument intellectuel qui nous servira à coordonner les phénomènes sociaux, ni l'attitude morale qui nous permettra de les dominer par la volonté et par le cœur. Nous sommes comme le vieil Esquimau à qui un ethnographe demandait pourquoi sa tribu conservait pieusement certains rites, dont le vieux sage avouait ne pas comprendre la signification : « Nous conservons nos vieilles coutumes, répondit-il, afin que l'univers se maintienne. » En effet, l'univers est pour le primitif une grande machine en équilibre instable, et où tout tient à tout (les coutumes sociales et les lois physiques demeurant indifférenciées les unes des autres) : qu'on lui enlève une seule de ses pièces, même sans savoir à quoi elle peut servir, et l'ensemble de la machine risque de se détraquer. L'univers social est un peu, pour nous, ce qu'est l'univers entier de ce primitif : nous devinons une harmonie relative, un mécanisme global qui marche ou se détériore, mais nous n'en comprenons pas les rouages et, dans le doute, nous conservons tout ce que nous pouvons, au risque parfois d'en empêcher précisément le bon fonctionnement.

La première tâche de l'éducateur, en présence du problème international, c'est donc de chercher à adapter l'élève à une telle situation, sans rien lui voiler de sa complexité. C'est de façonner dans l'esprit de l'enfant un instrument spirituel — non pas une habitude nouvelle, ni même une croyance nouvelle — mais une méthode et un outil nouveaux qui lui permettent de comprendre et de se conduire. En parlant d'instrument intellectuel, nous pouvons nous référer à la science, qui est l'une des plus belles adaptations de l'esprit humain, et une victoire de la raison sur le monde matériel. Or, comment a-t-elle réussi ? Ce n'est pas seulement en accumulant des connaissances ou des expériences. Et même loin de là : c'est en construisant un outil intellectuel de coordination, grâce auquel l'esprit a pu mettre en relation les faits les uns avec les autres. Or, c'est là ce qu'il nous faut, du point de vue social : ce n'est pas seulement de donner à l'enfant quelques connaissances nouvelles sur les réalités et les institutions internationales ; ces connaissances ne lui serviront à rien si l'on ne crée pas, en même temps, une attitude *sui generis*, un instrument de coordination de nature à la fois intellectuelle et morale valable à toutes les échelles et adaptable aux problèmes internationaux eux-mêmes.

Or (et ce sera notre seconde remarque), l'obstacle essentiel qui s'oppose aux progrès de la coordination intellectuelle et à la réciprocité morale n'est autre que l'attitude la plus spontanée et la plus indéracinable de toute conscience individuelle et même collective : c'est l'égocentrisme, intellectuel et affectif, se retrouvant en chaque esprit individuel dans la mesure où il est plus primitif et non encore décentré par les interactions sociales ; et c'est le sociocentrisme intellectuel et affectif, réapparaissant à son tour en chaque unité collective, dans la mesure à nouveau où une décentration nécessaire ne parvient pas à s'effectuer. Il y a là, en effet, une attitude si naturellement ancrée en toute conscience qu'il est impossible de s'en défaire en une fois, par une sorte de conversion totale des tendances spontanées, mais qu'elle réapparaît, palier par palier, lors de chaque nouvelle conquête de la coordination. Cette libération indispensable par rapport au « moi » et au « nous » demande même un effort intellectuel et moral considérable, et suppose une constante volonté, sinon parfois une sorte d'héroïsme.

La science, que nous invoquions à l'instant, est là pour nous montrer combien profondément est enracinée l'attitude égocentrique et combien il est difficile de s'en défaire, par le cerveau autant que par le cœur. La pensée n'a, en effet, réussi à s'adapter au monde extérieur et l'esprit humain n'est devenu capable de prévoir et d'expliquer les phénomènes physiques qu'en se libérant toujours davantage de l'égocentrisme initial : mais ce changement de perspective a exigé des siècles de labeur.

C'est ce que nous montre, avec une clarté particulière, l'histoire de l'astronomie. Le soleil, la lune et les étoiles sont apparus aux premiers hommes tels qu'ils sont considérés par les jeunes enfants : comme de petites lumières, situées à la hauteur des nuages et des montagnes, et qui nous accompagnent en notre marche, sans trajectoire fixe. Tout enfant a pensé un jour que la lune le suivait et selon plusieurs sociétés primitives le cours des astres est réglé par le mouvement des hommes (dans l'ancienne Chine encore, le Fils du Ciel assurait par ses déplacements la succession des saisons). Les Chaldéens et les Babyloniens ont fait un progrès notable en se libérant de cette vision égocentrique initiale et en comprenant que les astres ont une trajectoire régulière et indépendante de nous. Mais cette conquête dans le sens de l'objectivité a laissé subsister et même croître une seconde forme d'égocentrisme : la terre, conçue comme un grand plateau, puis comme un hémisphère et enfin comme une sphère, a conservé sa position apparente et la plupart des savants grecs ont encore considéré les astres comme tournant autour de ce soi-disant centre du monde. Certes, une telle croyance, illustrée par le système d'Aristote, n'est plus à comparer à celle de l'enfant qui pense que la lune le suit : elle n'en procède pas moins du même genre d'illusion et n'en a que plus pesé sur l'histoire des idées jusqu'au moment où Copernic et Newton ont compris les relations exactes de la terre et du système solaire. La révolution copernicienne peut être considérée comme le symbole le plus éclatant de la victoire des coordinations objectives sur l'égocentrisme spontané de l'être humain. Et pourtant, une fois de plus encore, l'égocentrisme a repris le dessus, sous une forme nouvelle et plus raffinée : pour coordonner son système du monde, Newton a admis un temps et un espace absolus identiques en tout point de l'univers à ceux de nos horloges et de nos mètres terrestres ! Il a fallu attendre encore plus de deux siècles pour que Einstein nous apprenne la relativité du temps et de l'espace en fonction de la vitesse et construise un instrument de coordination bien plus subtil encore que celui de la mécanique classique, en attendant qu'il soit dépassé lui-même à son tour.

On voit, par cette évolution, que si, lors de chaque nouvelle étape, la pensée humaine est parvenue à se dégager d'une forme particulière d'égocentrisme, paraissant primitive ou naïve après coup, c'est pour retomber chaque fois dans un égocentrisme plus raffiné, empêchant à nouveau l'objectivité entière. Or, au point de vue social, il en est *a fortiori* de même, car la décentration du « moi », du « nous », ou de leurs symboles et de leurs territoires, y est contrecarrée par bien plus d'obstacles encore. Toutes les fois que nous nous libérons de ce « moi » ou de quelque « nous » restreint en faveur d'une cause collective qui ne nous paraît susciter qu'altruisme et générosité, c'est pour être victime de quelque nouvelle et insidieuse déviation, d'autant plus tenace qu'elle est inconsciente. Qui peut prétendre, dès lors, dominer les problèmes sociaux ou internationaux, quand l'égocentrisme national, l'égocentrisme de classe, l'égocentrisme racial et bien d'autres formes plus ou moins puissantes se partagent notre esprit et lui imposent toute une gamme d'erreurs s'étageant entre la simple illusion de perspective et le mensonge dû aux contraintes collectives ?

Il est donc de toute évidence que l'éducation internationale ne saurait se borner à ajouter aux enseignements ordinaires un enseignement de plus, qui porterait simplement sur les institutions internationales actuelles ou même sur l'idéal qu'elles représentent et défendent. C'est d'abord l'enseignement tout entier qu'il faut rendre international : non pas seulement celui de l'histoire, de la géographie et des langues vivantes, domaines où l'interdépendance des nations éclate aux yeux les moins ouverts ; mais aussi celui des littératures et des sciences, à propos desquelles on néglige trop souvent de souligner l'effort commun de l'humanité entière ainsi que le rôle des conflits sociaux et des techniques. C'est d'un tel esprit insufflé à l'enseignement dans son ensemble que l'on peut notamment attendre cet esprit de compréhension et de tolérance entre tous les groupes raciaux et religieux qu'évoque notre texte, car comment faire de l'histoire de la civilisation, de la littérature et des sciences, sous un angle international, sans devenir l'ennemi de toute intolérance ?

Mais surtout, c'est à partir seulement d'un ensemble de méthodes actives, mettant au premier rang la recherche en commun (travail par équipes) et la vie sociale des élèves eux-mêmes (self-government) que l'étude des attitudes nationales et internationales ainsi que des difficultés de leur coordination peut prendre une signification concrète. Et ceci à un double point de vue.

En premier lieu, la vie internationale est le théâtre, sur une tout autre échelle, des mêmes conflits de réciprocité et des mêmes incompréhensions que toute vie sociale. Les jugements portés dans un pays sur les autres nations, l'étonnante myopie qui permet à des peuples entiers de reprocher en toute sincérité les attitudes qui caractérisent à un aussi haut degré leur propre comportement, l'incapacité de se placer à des points de vue différents du sien, etc., sont des phénomènes communs à toutes les échelles, et, pour comprendre leur importance sur le plan international, il est indispensable de les avoir découverts par une expérience vécue.

En second lieu, dès qu'une vie sociale est organisée entre les élèves eux-mêmes, il devient possible de l'étendre dans la direction d'échanges internationaux et même de groupes d'études ayant pour objet les problèmes internationaux. Les correspondances interscolaires, les clubs d'entraide en faveur de la jeunesse d'autres pays, les groupes de voyages internationaux (échanges d'écoliers en temps de vacances et même de classe), et bien d'autres initiatives prises déjà entre les deux guerres sont des procédés actifs dont la portée s'est montrée réelle. Mais on peut aussi concevoir, à propos de l'enseignement international, des groupes d'étude au niveau du second degré, ayant pour but des recherches en commun sur tel ou tel aspect de la vie internationale. L'utilité de ces groupes serait grande, à condition de leur octroyer une liberté complète, et spécialement une liberté entière de critique, comme il sied à des groupes d'adolescents. On peut concevoir, par exemple (sans engager la responsabilité du professeur et à titre d'échange libre d'idées), un groupe d'élèves de lycée cherchant à établir, par une confrontation d'articles de journaux ou de déclarations radiophoniques, la multiplicité des points de vue sur un même événement et les difficultés d'une histoire objective. Il n'est pas impossible que, le jour où les écoliers apprendront à penser, et liront les journaux (ou écouteront la radio) dans un tel esprit de discernement et de critique, les peuples eux-mêmes hésiteront davantage à se laisser mener précisément comme des écoliers — nous voulons dire comme des écoliers de l'Ancien Régime, n'ayant point encore bénéficié des transformations de l'enseignement postulées par notre article 26.

RÉFÉRENCES

Où va l'éducation ? a été rédigé en 1971 à l'intention de la Commission internationale sur le développement de l'éducation, organisme dépendant de l'UNESCO.

Le droit à l'éducation dans le monde moderne a paru dans *Les Droits de l'esprit,* collection « Droits de l'homme », publié par l'UNESCO, Librairie du Recueil Sirey, Paris, 1948.

OÙ VA L'ÉDUCATION ?

LE DROIT À L'ÉDUCATION DANS LE MONDE ACTUEL

DU MÊME AUTEUR

Dans la même collection

SIX ÉTUDES DE PSYCHOLOGIE

DANS LA MÊME COLLECTION

Dernières parutions

51.	Georges Dumézil	*Entretiens avec Didier Eribon.*
52.	Antonin Artaud	*Les Tarahumaras.*
53.	Cioran	*Histoire et utopie.*
54.	Sigmund Freud	*Sigmund Freud présenté par lui-même.*
55.	Catherine Kintzler	*Condorcet (L'instruction publique et la naissance du citoyen).*
56.	Roger Caillois	*Le mythe et l'homme.*
57.	Panaït Istrati	*Vers l'autre flamme (Après seize mois dans l'U.R.S.S.-Confession pour vaincus).*
58.	Claude Lévi-Strauss	*Race et histoire* (suivi de *L'œuvre de Claude Lévi-Strauss* par Jean Pouillon).
59.	Michel de Certeau	*Histoire et psychanalyse entre science et fiction.*
60.	Vladimir Jankélévitch et Béatrice Berlowitz	*Quelque part dans l'inachevé.*
61.	Jorge Amado	*Conversations avec Alice Raillard.*
62.	Elie Faure	*Histoire de l'art,* tome I : *L'art antique.*
63.	Elie Faure	Tome II : *L'art médiéval.*
64.	Elie Faure	Tome III : *L'art renaissant.*

65. Elie Faure — Tome IV : *L'art moderne,* 1.
66. Elie Faure — Tome V : *L'art moderne,* 2.
67. Daniel Guérin — *L'anarchisme (De la doctrine à la pratique),* suivi de *Anarchisme et marxisme.*
68. Marcel Proust — *Contre Sainte-Beuve.*
69. Raymond Aron — *Démocratie et totalitarisme.*
70. Friedrich Nietzsche — *Par-delà bien et mal (Prélude d'une philosophie de l'avenir).*
71. Jean Piaget — *Six études de psychologie.*
74. Henri Laborit — *Biologie et structure.*
75. Claude Roy — *L'amour de la peinture (Rembrandt Goya Picasso).*
76. Nathalie Sarraute — *L'ère du soupçon (Essais sur le roman).*
77. Friedrich Nietzsche — *Humain, trop humain (Un livre pour esprits libres),* tome I.
78. Friedrich Nietzsche — *Humain, trop humain (Un livre pour esprits libres),* tome II.
79. Cioran — *Syllogismes de l'amertume.*
80. Cioran — *De l'inconvénient d'être né.*
81. Jean Baudrillard — *De la séduction.*
82. Mircea Eliade — *Le sacré et le profane.*
83. Platon — *Le Banquet (ou De l'amour).*
84. Roger Caillois — *L'homme et le sacré.*
85. Margaret Mead — *L'un et l'autre sexe.*
86. Alain Finkielkraut — *La sagesse de l'amour.*
87. Michel Butor — *Histoire extraordinaire (Essai sur un rêve de Baudelaire).*
88. Friedrich Nietzsche — *Crépuscule des idoles (ou Comment philosopher à coups de marteau).*
89. Maurice Blanchot — *L'espace littéraire.*
90. C. G. Jung — *Essai d'exploration de l'inconscient.*

91. Jean Piaget — *Psychologie et pédagogie.*
92. René Zazzo — *Où en est la psychologie de l'enfant?*
93. Sigmund Freud — *L'inquiétante étrangeté* et autres essais.
94. Sören Kierkegaard — *Traité du désespoir.*
95. Oulipo — *La littérature potentielle (Créations Re-créations Récréations).*
96. Alvin Toffler — *La Troisième Vague.*
97. Lanza del Vasto — *Technique de la non-violence.*
98. Thierry Maulnier — *Racine.*
99. Paul Bénichou — *Morales du grand siècle.*
100. Mircea Eliade — *Aspects du mythe.*
101. Luc Ferry et Alain Renaut — *La pensée 68 (Essai sur l'anti-humanisme contemporain).*
102. Saúl Yurkievich — *Littérature latino-américaine : traces et trajets.*

Impression Bussière à Saint-Amand (Cher),
le 15 septembre 1988.
Dépôt légal : septembre 1988.
Numéro d'imprimeur : 3146.
ISBN 2-07-032482-6./Imprimé en France.

44272